Zu diesem Buch

Die in diesem Band überwiegend in Selbstzeugnissen zu Wort kommenden homosexuellen Männer, die ihre Jugend, ihre ersten Freunde und Liebhaber während der NS-Zeit erlebten, belegen in differenzierter Weise die Unmenschlichkeit eines Systems, «das Liebe bestraft und Gewalt toleriert», wie einer der Betroffenen formuliert.

Das Atemberaubende der hier vorgestellten Lebensberichte besteht jedoch darin, daß diese Männer nicht an der erlittenen Erniedrigung und Folter zerbrachen, sondern – mehr noch – auch ihr Recht auf Liebe und «ein erfülltes Leben» nicht preiszugeben bereit waren.

Der Autor, Lutz van Dijk, geb. 1955 in Berlin, Dr. phil., lebt als Schriftsteller und Lehrer in Hamburg und Amsterdam. Mitarbeit bei der deutschen Initiative «Pädagoginnen und Pädagogen für den Frieden» sowie bei der niederländischen Anne-Frank-Stiftung.

1991 erschien die biographische Erzählung «Verdammt starke Liebe» über den homosexuellen NS-Häftling Stefan K. als Jugendbuch bei Rowohlt.

Lutz van Dijk

«*Ein erfülltes Leben – trotzdem...*»

Erinnerungen Homosexueller
1933–1945

Elf biographische Texte
Vorwort von Prof. Dr. Wolfgang Popp

Rowohlt

Die Arbeit an diesem Buch wurde gefördert durch ein Stipendium der August-von-Platen-Stiftung des Fachbereichs Sprach- und Literaturwissenschaften der Universität/Gesamthochschule Siegen in Nordrhein-Westfalen. Das Vorwort verfaßte Prof. Dr. Wolfgang Popp, geb. 1935, Hochschullehrer für «Deutsche Sprache und Literatur sowie ihre Didaktik».

Originalausgabe
Veröffentlicht im Rowohlt Taschenbuch Verlag GmbH,
Reinbek bei Hamburg, November 1992
Copyright © 1992 by Rowohlt Taschenbuch Verlag GmbH,
Reinbek bei Hamburg
Lektorat: Jürgen Volbeding
Umschlaggestaltung: Thomas Henning
Satz Aldus (Linotronic 500)
Gesamtherstellung Clausen & Bosse, Leck
Printed in Germany
1090-ISBN 3 499 18278 5

Für meine Eltern
(Jg. 1928)

Inhalt

Auf den Spuren einer schwulen Identität

Vorwort von Wolfgang Popp

«Der Rosa Winkel der Nazis brannte auch uns» – schrieb ich in der Todesanzeige für meinen Lebensgefährten W. G., der 1989 starb. Das hat manche, auch Freunde und Freundinnen, schwule und andere, aufgeregt. So darf man mit der Vernichtungsrealität des NS-Faschismus nicht umgehen. Ja, mein Lebensgefährte und ich gehören einer Generation an, die dieser Vernichtungsrealität nicht mehr ausgeliefert war: das ist wahr. Aber hat uns der Rosa Winkel nicht dennoch gebrannt? Mit Mühe und enormem demokratischem Aufwand der Homosexuellen wurde 1969 der faschistische Paragraph 175 wenigstens entschärft, so daß wir, als erwachsene Männer, endlich zusammenleben konnten, ohne kriminell zu sein. An der öffentlichen Stigmatisierung unseres Zusammenlebens hat sich allerdings wenig geändert. Arm in Arm durch die Straße gehen, wie das allen Hetero-Paaren erlaubt ist, das ist immer noch ein Spießrutenlaufen, das kannst du natürlich trotzig und emanzipiert durchstehen, aber das Gefühl, öffentlich der sein zu können, der du bist, das ist allemal hin. Wenn du in die USA reisen willst, das Land der unbegrenzten demokratischen Freiheiten, darfst du keine schwule Zeitschrift im Gepäck haben, denn du läufst Gefahr, zurückgeschickt zu werden als «unliebsame Person». In der UdSSR, dem Land der Perestroika, wurden Schwule bis zuletzt mit den stalinistischen Gesetzen verfolgt, über die sich schon Klaus Mann 1934 entsetzt hat. Was ist nun von Gorbatschows Nachfolgern zu erwarten? Im Iran hackt man Schwulen die Hand ab oder den Kopf. Der Rosa Winkel hat uns nicht gebrannt? Von einer Minderheit sind wir neuerdings zu einer «Risikogruppe» geworden, nämlich für diese neue Pest, AIDS, die sich unser natur-

und lebenszerstörender Fortschritts-Materialismus an den Hals gehext hat.

Trotzdem, natürlich: Wir leben in einer Zeit und einer Gesellschaft, in der man öffentlich über Homosexualität reden darf, in der man sich öffentlich zu seiner Homosexualität bekennen darf – wenn auch vielleicht häufiger um den Preis, daß man nicht gehört wird, daß man in seiner privaten Umwelt gemieden wird oder daß man mit fadenscheinigen Gründen aus seinem Beruf, seiner Arbeit gedrängt wird. Aber das sind die demokratischen Marktgesetze unserer Wirtschaft: Wer sich nicht einpaßt, riskiert, hinausgeschoben zu werden. Insofern unterscheidet sich natürlich unsere demokratische Gesellschaft in ihren Mechanismen von der Terrorgesellschaft der Nazis und ihrer Vernichtungsrealität.

Spät, wenn nicht zu spät, machen wir uns auf die Suche nach Spuren, die aus dieser Vernichtungsrealität in unsere Zeit reichen. Spuren von Leiderfahrung und Widerstandszähigkeit, die sich in die Gesichter überlebender alter Menschen eingegraben haben. Die «Gnade der späten Geburt», auf die sich Helmut Kohl so viel zugute hält, hat seine Generation, zu der ich mich rechnen muß (Jahrgang 1935), schlecht genutzt. Und es ist schmählich, daß Angehörige der nächsten Generation, wie Lutz van Dijk, nur noch wenige dieser überlebenden alten Menschen bei ihrer Spurensuche finden, weil die meisten wohl inzwischen gestorben sind oder durch das mangelnde Interesse meiner Generation endgültig stumm gemacht wurden.

Die Männer, die in diesem Buch zu Wort kommen, sind nicht die ersten alten Menschen, die Lutz van Dijk über ihr Schicksal im NS-Faschismus befragt und deren private und öffentliche Lebensgeschichte er aufzeichnet. In seiner Dissertation «Oppositionelles Lehrerverhalten 1933–1945» hält er die Erinnerung an Lehrerinnen und Lehrer wach, die sich mit unterschiedlichen Formen des Widerstands ihre humane Identität in der Vernichtungsrealität des NS-Faschismus bewahrt haben. Seine Arbeit an dieser Dissertation war der Anknüpfungspunkt, an dem wir, die wir uns schon aus der politischen Zusammenarbeit der «Pädagoginnen und Pädagogen für den Frieden» kannten, auch zu einer wissenschaftlichen Zusammenarbeit kamen. Denn mit einigen Kollegen hatte auch ich Anfang der achtziger Jahre den Versuch unternommen, alte Lehrerinnen und Lehrer über ihre privaten und beruflichen Erfahrungen im NS-Faschismus zu befragen. Aber der Unterschied zwischen unserem Frageansatz und dem von Lutz van Dijk war eklatant: Wir fragten sozusagen unbedarft, wir wollten alles so ungeschminkt wie möglich wissen. Unsere Hypothese hieß: Lehrer und Lehrerinnen werden sich in der Mehrzahl den NS-faschistischen Zwängen irgendwie angepaßt haben. Und die meisten unserer Gesprächspartnerinnen und -partner gaben denn auch – mehr oder weniger bewußt – preis, wie sie sich mit dem NS-Faschismus arrangiert hatten. Lutz van Dijk suchte – und sucht – nach denjenigen Überlebenden, die Widerstand geleistet haben.

Warum? Ich glaube schon, daß es wichtig ist, ungeheuer wichtig, das «Phänomen» des NS-Faschismus in allen Facetten aufzuhellen, es sich verständlich zu machen durch «Geschichte von unten», durch das Festhalten und Dokumentieren von privaten Erfahrungen überlebender Menschen, auch wenn sie in ihrer Alterserinnerung noch so verzerrt, geschönt, stilisiert sind. Was dabei herauskommt, ist alles andere als schön und beruhigend.

Meine Lebensgeneration hat wohl in einem wichtigen Punkt versagt: die Eltern über ihre Erfahrungen im NS-Faschismus rechtzeitig zu befragen. Natürlich gibt es dafür politische und soziologische Erklärungen. Aber manchmal habe ich den Eindruck, als ob es nie einen so tiefen Einbruch im Gespräch der Generationen, zwischen Kindern und Eltern, gegeben hat als den zwischen denjenigen, die sich der «Gnade der späten Geburt» erfreuen, und den schuldigen oder ohnmächtigen und schließlich verstummten Alten.

Die nächste Generation, mit Leuten wie Lutz van Dijk, versucht, dieses Gespräch zwischen den Generationen wieder anzuknüpfen. Mit einer parteiischen Position: Sie fragt nach den Widerstandskräften. Sie sucht ihre eigene widerständige Identität in den Zeugnissen der alten widerständigen Menschen. Und sie entlastet damit meine Generation von der Schuld, solche Fragen nicht gestellt zu haben.

Das gilt allgemein. Und es gilt im besonderen für die Bewahrung einer homosexuellen Identität. Daß jemand sich aufmacht, alte homosexuelle Männer aus dem Schweigen zu befreien, in das meine Generation sie verbannt hat, kann nicht hoch genug bewertet werden. Und erst recht, daß diese alten Männer sprechen, ihre Biographie preisgeben, um zu bezeugen, wie sie auch in den bedrohlichsten Situationen existentieller Gefährdung an ihrer Liebe, an ihrer homosexuellen Identität festgehalten haben.

Sie sind mir Brüder, diese alten Männer, obwohl ich sie nicht persönlich kenne. Sie geben eine brüderliche Botschaft an mich weiter: leiste Widerstand. Halte fest an der Wahrheit und an dem Menschenrecht, unsere Liebe zum Mann zu verwirklichen. Diese Wahrheit und dieses Menschenrecht kann, meine ich, angesichts der in diesem Buch aufgezeichneten Biographien schwuler alter Männer mit ihren Erfahrungen aus dem NS-Faschismus nicht mehr in Frage gestellt werden. Eine andere Frage ist, wie wir, die nachfolgenden Generationen, heute mit dieser Wahrheit und diesem Menschenrecht umgehen. Und zwar unabhängig davon, ob wir selber schwul oder anders sind.

Helmut Kentler macht darauf aufmerksam und kritisiert, «daß in allen bisherigen Theorien die Homosexualität wie ein Schicksal hereinbricht – das Subjekt, der Homosexuelle ist nicht gefragt, ist nicht beteiligt, ‹es› passiert ihm». Und er setzt dem entgegen: «Bei mir und manchen anderen Homosexuellen, die ich kennengelernt habe, war das anders: Blicken wir zurück, erkennen wir einzelne Situationen, auf denen Entscheidungen gefallen sind, und aus ihnen hat sich ein Weg ergeben, für den wir durchaus mitverantwortlich sind, weil wir nicht blindlings auf ihn gestoßen wurden, sondern weil wir ihn gewählt haben, um – so sieht es im nachhinein aus – schwerwiegende persönliche Probleme zu lösen.» Unter Bezug auf Morgenthaler arbeitet Kentler den aktiven Anteil in der Persönlichkeitsentwicklung Homosexueller heraus und bekennt: «Meiner Homosexualität habe ich einen einigermaßen abenteuerlichen Lebensweg zu verdanken, und es ist mir sehr fraglich, ob ich es so weit gebracht hätte, wenn ich heterosexuell gewesen wäre.»*

---

* Helmut Kentler: Unsere Homosexualität. In: Christoph Wulf, Hg.: Lust und Liebe, Wandlungen der Sexualität, München 1985, S. 300f.

Kentler beschreibt den Lebensweg des Homosexuellen (unabhängig davon, daß ihn seine Homosexualität trotzdem als «Schicksal» trifft) als einen aktiv durch reale Entscheidungen gestalteten Weg der Selbstentwicklung. Er macht darauf aufmerksam, daß dieser Sachverhalt von den Homosexuellen häufig nicht im Verlauf der Lebensgestaltung selbst, sondern erst im Rückblick wahrgenommen (und positiv bewertet) wird. Er hat mit solchen Beobachtungen zwar wahrscheinlich nicht an Leidensbiographien gedacht, wie sie uns in diesem Buch vor Augen gestellt werden.

Aber es ist doch auch und gerade in diesen Leidensbiographien unübersehbar: Nicht das Leiden hat diese Männer widerständig und stark gemacht, sondern ihre aktive Entscheidung zu sich selbst, zu ihrer Homosexualität, zu ihrer Liebe. Und genau dies scheint mir die wertvolle und notwendige Botschaft aus der Geschichte zu sein, die sie uns für unser Leben, unsere Selbstversicherung und Selbstgewißheit in dieser heutigen Gesellschaft zurufen.

Leiden macht hart? Ich sehe an diesen Leidensbiographien als das Besondere gerade dieses, daß diese alten schwulen Männer nicht hart geworden sind, sich nicht verhärtet haben, sondern daß sie ihr ganzes Leben lang lebendig geblieben sind, ja und damit auch verletzlich, sie haben sich Veränderungen ausgesetzt und damit sich selbst weiterentwickelt, sich zu sich selbst entwickelt.

Der französische Philosoph Michel Foucault sagte kurz vor seinem Tode sehr offen: «Schwulsein bedeutet, daß diese Entscheidung das ganze Leben durchdringt, das bedeutet auch, vorgeformte Lebensweisen abzulehnen, das bedeutet, aus einer sexuellen Wahl den Motor für eine Veränderung seiner ganzen Existenz zu machen. Nicht schwul zu sein dagegen läuft auf die folgende Einstellung hinaus: ‹Wie kann ich die Konsequenzen meiner sexuellen Entscheidungen so eindämmen, daß mein Leben durch sie nicht geändert werde?›... Ich würde sagen, man soll seine Sexualität nutzen, um neue Beziehungen zu entdecken und zu erfinden. Schwul zu sein bedeutet, den eigenen Veränderungen gegenüber offen zu sein...»*

* Aus einem Interview mit der Zeitschrift «Masques». Zitiert bei Michael Pol-

Ich meine, das sind Sätze, die nicht nur schwulen Männern heute den Rücken stärken können, sondern auch anderen Männern und Frauen zu denken geben sollten.

In diesem Sinne wünsche ich diesem Buch, daß es nicht nur Dokumentation einer schwulen «Geschichte von unten» bleibt, was wichtig genug wäre, sondern daß es Denkanstöße für heute und morgen gibt, für Schwule und andere, die Inhumanitäten und Diskriminierungen in unserer Gesellschaft zu erkennen und gemeinsam für eine humane Gesellschaft zu arbeiten, in der die Individuen sich auch in ihrer Sexualität frei entwickeln können.

lak: Die Aktualität der intellektuellen Umwege Michel Foucaults. In: Forum weibliche/männliche Homosexualität und Sozialwissenschaften Nr. 18, 1985.

«Homosexuelle sind keine Schwächlinge…!»

Willem Arondeus, Jg. 1895, Amsterdam

Am Abend des 27. März 1943 überfiel eine Widerstandsgruppe von Künstlern, Studenten und zwei jungen Ärzten das zentrale Bevölkerungsregister in Amsterdam. Einer von ihnen, der Kostümschneider Sjoerd Bakker, hatte für alle Polizeiuniformen geschneidert. Ihr Anführer, der Maler und Schriftsteller Willem Arondeus, trug die Uniform eines Polizeihauptmannes. Mit Hilfe dieser Verkleidung verschafften sie sich zunächst Zutritt, ohne Aufmerksamkeit zu erregen, und überwältigten dann das gesamte Wachpersonal. Es wurde Sorge getragen, daß niemand verletzt wurde. Die Wachleute wurden von den Ärzten mit harmlosen Betäubungsspritzen ruhiggestellt.

In den folgenden Minuten legt die Gruppe im gesamten Gebäude Brandsätze, die, nachdem alle das Gebäude verlassen haben und die betäubten Wachleute in den Garten gelegt worden sind, ferngezündet werden. In allen Räumen bricht nach fünf Detonationen Feuer aus. Die deutschen Sicherheitskräfte benötigen über vier Stunden, um das Feuer unter Kontrolle zu bekommen. Alle Brandstifter können unerkannt fliehen.

Der Brandanschlag auf das Amsterdamer Bevölkerungsregister hat eine enorme psychologische Wirkung: Selbst wenn nicht alle Karteikarten verbrennen, sind doch die deutschen Besatzer enorm verunsichert, und mehrere Gruppen im ganzen Land fühlen sich zu ähnlichen Anschlägen ermutigt. Seit Mai 1940 sind die Niederlande von der deutschen Wehrmacht besetzt, seit Juli 1942 haben die Deportationen der Juden in die polnischen Vernichtungslager begonnen. Rund 25 000 der etwa 140 000 Juden in den Niederlanden leben zu dieser Zeit illegal und zumeist in Verstecken, in denen sie von nichtjüdischen Menschen versorgt werden. Die im Widerstand aktiven Künstler widmen sich schwerpunktmäßig der Gestaltung von gefälschten Identitätskarten für Verfolgte. Eine Gefahr bei diesen falschen Ausweisen besteht selbst bei einwandfreier Fertigung darin, daß von jedem Ausweis im Bevölkerungsregister ein Doppel existiert – mithin einer dortigen Überprüfung in keinem Fall standhalten kann. So entsteht die Idee, dieses Register anzuzünden, um möglichst viele Karteikarten zu vernichten.

Der homosexuelle Schriftsteller und Maler Willem Arondeus übernimmt die Leitung der Aktion. Zwei weitere schwule Mitstreiter sind der Schneider Sjoerd Bakker und der Schriftsteller Johan Brouwer. Sie alle werden von einem bis heute Unbekannten verraten, verhaftet und zum Tode verurteilt. Während des Schauprozesses nimmt Willem Arondeus die Hauptschuld auf sich. Nur die beiden jungen Ärzte werden daraufhin zu einer langjährigen Haftstrafe verurteilt und überleben die NS-Zeit. Kurz vor der Hinrichtung nimmt Willem Arondeus seiner Anwältin ein Versprechen ab: «Sage den Menschen, daß Homosexuelle keine Schwächlinge sein müssen.»

Selbst in den liberalen Niederlanden dauert es bis zum April 1990, bis eine breitere Öffentlichkeit von dieser Botschaft erfährt: Im Fernsehen wird über sein Leben eine Dokumentarbiographie der Filmemacherin Toni Bouwmans ausgestrahlt, die viel Anerkennung erfährt.

Willem Arondeus wird 1895 als eines von sieben Kindern in Amsterdam geboren. Seine Eltern arbeiten für mehrere Theater als Kostümschneider. Er selbst fühlt sich schon auf der Zeichenschule, die er auf eigenen Wunsch besucht, zu den Jungen seiner Klasse hingezogen, ohne dem Ausdruck geben zu können. Nach einem Streit verläßt er mit 18 Jahren sein Elternhaus. Die gegenseitige Enttäuschung ist so groß, daß er bis zu seinem Tode keinen Kontakt mehr mit der eigenen Familie hat. Er sucht die Nähe anderer Künstler und versucht sich als Maler und Verfasser kleiner Gedichte und Geschichten, die aber nur schwer zu verkaufen sind. Um konzentrierter arbeiten zu können, zieht er nach einiger Zeit aufs Land. Doch die Einsamkeit hier macht ihm schwer zu schaffen.

Willem Arondeus (40) mit Freunden um 1935 (rechts im Bild).

1920, mit 25 Jahren, schreibt er in sein Tagebuch: «Die Lektion des Lebens ist – zu lernen, allein zu sein...»

Und wenig später: «Sonntagabend. Lange am Fenster gestanden. Das Alleinsein wird mir so schwer – und dabei die unerreichbare Schönheit der Menschen, zwischen denen ich lebe. Wenn ich nur weinen könnte über das eigenartige Leben, in das mich ein eigenartiger Gott mit meinem wunderlichen Herzen gestellt hat. Aus welchem Grund? Für welche Erfüllung lebe ich?»

Zwei Jahre später beschließt er, zurück in die Stadt zu gehen: «Ich habe Angst vor der Zukunft und doch: stärker als diese nervöse Angst ist die Gewißheit, daß ich hier weggehen muß.»

Zunächst scheint der Schritt Erfolg zu bringen. Mit 28 Jahren erhält er seinen ersten größeren Auftrag – eine Wandmalerei im Rotterdamer Stadthaus, die ihm zum erstenmal finanzielle Unabhängigkeit bringt. Doch nicht für lange. Obwohl man mit seiner Arbeit zufrieden ist, stellt sich zunächst kein neuer Auftrag ein. 1925, mit 30 Jahren, notiert er: «Die Tage vergehen, ruhelos, ohne Arbeit. Ich bin weder glücklich, noch unglücklich. Manchmal fühle ich, wie leer und einsam mein Leben ist. Ich treibe durch die Stadt, getrieben von ruheloser Lust und tiefer Sehnsucht. Dauernd Geldsorgen.» Kurz darauf: «Freundschaft ist so selten in meinem Leben. Ich kenne kaum andere als meine intellektuellen Freunde, und diese erfüllen meine Sehnsucht nach Zuneigung nur wenig.»

Von 1926 bis 1927 kann er noch zweimal ernsthaften Aufträgen als Maler nachkommen. Seine Bilder werden sogar in der Presse erwähnt. Ein Kritiker schreibt: «Arondeus' Malerei – ein vortreffliches Stück Arbeit!» – Ein anderer: «Sollte Wandmalerei in einem öffentlichen Gebäude nicht ein Künstler machen, der mehr Optimismus ausstrahlt als er?»

1928 wendet sich Arondeus von einem auf den anderen Tag von der Malerei ab und beschließt, sich nur noch aufs Schreiben zu konzentrieren. Die Malerei erscheint ihm zu oberflächlich, um seine Gedanken und Gefühle ausdrücken zu können. Doch auch hier zunächst keine materiellen Erfolge. Nur wenige Geschichten werden gedruckt. Sie verkaufen sich schlecht. Ende 1932 beschließt er erneut, aufs Land, in die Nähe von Apeldoorn, zu ziehen.

Hier soll sein Leben eine unerwartete und für ihn beglückende Wendung nehmen: Im Spätsommer 1933 lernt er seinen Geliebten Jan kennen – den Jungen eines Gemüsehändlers, der Waren ausfährt und dabei Bekanntschaft mit Arondeus macht. Kurz nach dem ersten Treffen schreibt der inzwischen achtunddreißigjährige Willem Arondeus in sein Tagebuch: «Wichtig ist mir meine Freundschaft mit Jan. Begonnen hat alles an meinem Geburtstag – ein großes Geburtstagsgeschenk! Es ist eine Sanftheit und Zuneigung da, die ich bisher nie gekannt habe. Kann es von Dauer sein? Manchmal habe ich Angst davor. Jan ist so jung, und mein Herz ist so schwermütig.»

Trotz dieses großen Glücks nehmen die finanziellen Sorgen zu. Jan

Jan T., der Geliebte von Willem Arondeus (eine Aufnahme aus den dreißiger Jahren).

zieht zu seinem Freund. Arondeus empfindet es als persönlichen Tiefpunkt, daß er 1934, als er nichts mehr zu essen kaufen kann, Sozialhilfe beantragen muß. Immer wieder ereilen ihn in dieser Zeit depressive Stimmungen:

«Es sind in meinem Leben zwei große Gefahren – die Verbitterung und das Mißtrauen. Aber was ist der Grund, der wirkliche Grund dafür?

Es ist nicht allein die Armut. Das macht es nur akut. Sie ist immer dagewesen, die ganze Zeit. Erst jetzt in den letzten Jahren, wo ich älter geworden bin, wo ich große Illusionen und kleine Eitelkeiten loslassen konnte, weiß ich den wirklichen Namen dafür: Ich habe

Das Amsterdamer Bevölkerungsregister am Morgen nach dem
Anschlag (28. März 1943).

mich immer als Außenseiter gefühlt. Ich habe nicht gepaßt zwischen
Menschen von Stand und Ansehen.

Da war zunächst meine kleinbürgerliche Herkunft, die immer nur
eines kannte: Geldverdienen! Zweitens meine Homosexualität, wegen der ich mich ein ganzes Leben lang hüten muß. Und drittens
mein Künstlersein, wodurch ich egozentrisch geworden bin. Ich
glaube, daß über die Jahre das Außenseitertum mein wahres Selbst
geworden ist.»

1938 beginnt er eine Biographie über den Maler Matthijs Maris
(1839–1917), der 1870 an der Seite der Kommunarden auf den Barri-
kaden in Paris kämpfte. Um gründliche Archivstudien dafür machen
zu können, zieht er mit Jan zurück in die Stadt – nach Amsterdam. Er
arbeitet beinahe zwei Jahre an dieser Biographie. Wer das Buch heute

liest, spürt: Matthijs Maris ist auch Willem Arondeus. Die Auseinandersetzung mit dessen Einsamkeit, dessen Armut, aber auch dessen festem Glauben an eine humanere Welt gibt Arondeus eine bislang unbekannte Stärke und Ruhe.

Anfang 1940, wenige Monate vor dem Überfall der deutschen Wehrmacht auf die Niederlande, schreibt er in einem Brief an eine Freundin: «Ich habe in den letzten Jahren so sehr gelitten, daß das, was jetzt an Misere kommt, mich nicht mehr schreckt. Selbst wenn es auch jetzt noch immer schwierig ist (wir haben im Moment nicht das Geld für die Miete)..., komme ich besser dagegen an als früher.

Nur für Jan ist es ein Elend. Er ist so vertrauensvoll, so gut, tut sein Bestes, um etwas zu verdienen, jede Arbeit nimmt er an. Das ist für einen gefühlvollen, schüchternen Jungen, der er ist, eine ganz große Leistung. Ich kann meine eigene Armut besser aushalten, als mitansehen zu müssen, daß Jan keine Schuhe mehr hat, kein Bett, kein einziges Ding, das allein ihn froh und reich macht. Und doch trägt er alles mutig und ohne Klagen.

Vielleicht ist diese Phase jetzt der Durchgang zu einem stärkeren Lebensabschnitt. Es ist vielleicht wichtig, solche Prüfungen zu bestehen. In Luxus und Sicherheit ist es nicht notwendig, stark zu sein...»

Unmittelbar nach dem deutschen Einmarsch schließt sich Arondeus dem Widerstand der Künstler an. In dieser Zeit bittet er Jan, allein zurück nach Apeldoorn zu gehen. Die genauen Gründe für die Trennung sind unbekannt. Aber es ist kein Abschied in Feindschaft. Arondeus bleibt mit Jan in Kontakt, er schreibt ihm weiter und schickt auch manchmal Geld, da sein Buch über Matthjis Maris sich recht gut verkauft. Es ist vorstellbar, daß er Angst hat, Jan in seine illegale politische Tätigkeit einzubeziehen.

Ab 1941 gibt er selbständig eine kleine Widerstandzeitung – die Brandaris-Briefe – heraus. Er schreibt in einem privaten Brief: «Die Deutschen sind vielleicht im Persönlichen ganz gute Menschen. Aber diese persönliche Güte hilft nicht zu verhindern, daß sie jetzt dabei sind, aus der Welt eine Hölle zu machen.

Mein Problem ist der Haß. Ich hasse den Geist von Blut, Gewalt

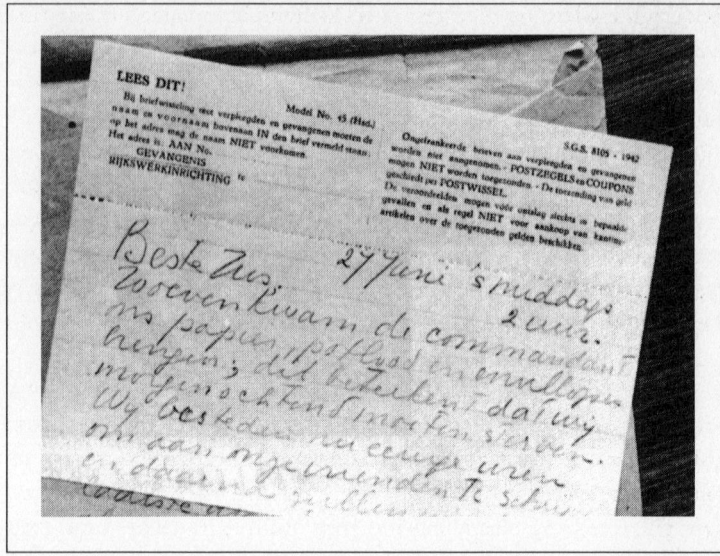

**Abschiedsbrief von Willem Arondeus vom 27. Juni 1943
(fünf Tage vor der Hinrichtung).**

und Elend. Denk' nur an die Juden, an ihre Verzweiflung! Ich hasse diejenigen, die davon die Ursache sind.»

Die Filmemacherin Toni Bouwmans kommt in einem Interview zu folgendem Urteil über Willem Arondeus:

«Er hing am Leben, aber er wollte auch ein guter Mensch sein. Was seine Arbeit betrifft, hatte er endlich seinen Weg gefunden nach dem Erfolg seiner Bücher... Er hat sich sehr bewußt für den Widerstand entschieden, das geht auch deutlich aus der Aufopferung seiner Beziehung mit Jan hervor. Das war alles durchdacht. Und durch seine Kontakte mit dem Herausgeber Querido... traf er Menschen mit politischer Erfahrung. Er ist deshalb keine mißglückte Figur, die sich nichts mehr aus dem Leben machte.»

Die Motivation für ihre mehrjährige Beschäftigung mit Willem

Arondeus rührt von einem anderen Umstand her: Es waren «die Geschichten, wie die Menschen (um Arondeus im Widerstand) miteinander umgingen, das hat bei mir den Ausschlag gegeben. Selbst in der Gefangenschaft haben sie versucht, sich zu stützen, selbst mit Singen und Lachen. Es hatte etwas Homo-Erotisches... Die Menschen zählten als Personen, nicht dafür, was sie politisch waren.»

Die Verhaftung erfolgte am 1. April 1943. Genau drei Monate später, am 1. Juli 1943, wurden dreizehn der Widerstandskämpfer für ihre Tat erschossen. Eine Gedenktafel am Gebäude des ehemaligen Amsterdamer Bevölkerungsregisters in der Plantage Kerklaan 36 erinnert heute an sie. Außerdem gibt es in Amsterdam eine Arondeusstraat und einen Johan Brouwerpad.

Als letzten Wunsch bestellte sich Sjoerd Bakker ein rosa Oberhemd, das er zur Hinrichtung anzog. In seinem Abschiedsbrief an eine Freundin schreibt Willem Arondeus am 27. Juni 1943: «Soeben kam der Kommandant mit Papier, Tinte und einem Briefumschlag. Dies bedeutet, daß wir morgen früh sterben müssen. Ich und meine Kameraden haben eine großartige Zeit miteinander verbracht, so wie ich es in meinem Leben nicht gekannt habe. Die Liebe und Bewunderung, die uns von allen Seiten zuströmte – von Soldaten, Bewachern und Gefangenen – haben es uns leichter gemacht.

Das Leben war gut – und alles, was es mir gegeben hat. Ich gehe mit einem dankbaren Herzen. Grüße alle Freunde von mir. Ich denke an alle in Liebe und Freundschaft. Leb' wohl!»

Das ihm verbliebene Geld von 300 Gulden vermachte Willem Arondeus seinem Geliebten Jan, der die NS-Zeit überlebte. Nach dem Krieg heiratete Jan und bekam mehrere Kinder. Der Familie von Willem Arondeus, die er seit seinem 18. Lebensjahr nicht mehr gesehen hatte, wurde nach 1945 ein ihm posthum verliehenes «Widerstandskreuz» zugesandt.

Quellen:

ARONDEUS, Willem: Matthijs Maris – De Tragiek van den Droom, Querido Verlag (2. Auflage), Amsterdam 1945.
BOUWMANS, Toni: «Na heet feest, zonder afscheid verdwenen...» – Notities uit het leven van Willem Arondeus, Dokumentarfilm, Niederlande 1990.
VERSTRAETEN, Paul: Toni Bouwmans' filmportret van de verzetsstrijder Willem Arondeus; in: Homologie (Amsterdam) 3/1990, S. 36–38.

«Aber zusammenhalten müssen wir doch…»

Friedrich-Paul von Groszheim, Jg. 1906, Lübeck

«Für andere Jungen geschwärmt habe ich schon in meiner Schulzeit, von Anfang an. Da war ich nicht älter als acht oder neun Jahre. An diejenigen, die ich am liebsten mochte, habe ich dann zum Beispiel den von zu Hause mitgebrachten Kuchen verteilt. Ich weiß noch, wie ich kleiner Kerl monatelang für einen Primaner geschwärmt habe, ein wunderschöner Junge, den sehe ich noch heute vor mir…»

Friedrich Paul von Groszheims Familie gehört zu den angesehensten in der alten Hansestadt Lübeck. Jeder weiß, daß ein Großonkel persönlich mit dem Kaiser bekannt ist. Außer dem Sohn gibt es noch eine zwei Jahre jüngere Schwester Ina. 1917, der Junge ist jetzt 11 Jahre alt, fällt der Vater im Ersten Weltkrieg. Kurz darauf stirbt die Mutter.

«Ab dann wurde ich gemeinsam mit meiner Schwester von zwei alten Tanten in Lübeck aufgezogen. Die beiden liebten mich von ganzem Herzen, ich hätte es nicht besser haben können. Vom ersten Tag an achteten sie mich, wie ich war. Ich durfte immer meine geliebten Tiere halten – Hunde, Tauben, Kaninchen, herrlich!»

Sein erstes «Erlebnis» mit einem anderen Mann hat er im Alter von 15 Jahren: «Es war so, daß ich die Blicke von anderen spürte und eindeutig fühlte, daß etwas Besonderes, bisher Unbekanntes dahinterstand. Ich wußte in keiner Weise, daß diese Gefühle strafbar sein könnten. Ich hatte damals nicht einmal ein Wort dafür!

Jedenfalls sage ich immer: Man wird nicht verführt, sondern man wird entdeckt! Ich wurde also entdeckt von einem wesentlich älteren Mann. Ich wollte es einfach wissen. Ehrlich gesagt, war es nicht einmal besonders, das erste Mal. Aber der Bann war gebrochen…»

Der jugendliche Friedrich-Paul gilt in der Öffentlichkeit der norddeutschen Kleinstadt als «die Partie». Eine begonnene Ausbildung als Großkaufmann läßt zusätzlich eine vielversprechende und einflußreiche Zukunft erwarten. Mehr als einmal bemühen sich Eltern von Töchtern im heiratsfähigen Alter um Kontakte zu ihm: «Das entbehrte natürlich nicht einer gewissen Komik. Nein, an eine Hochzeit habe ich nie gedacht, nie im Leben. Das wäre ein Versuch am untauglichen Objekt gewesen.

Ich erinnere einen Witz aus der Zeit, ich weiß gar nicht, wo ich den zuerst gehört hatte: Da sitzt also die Gräfin Kinsky am Frühstückstisch und wartet auf ihren Sohn, der sich leicht verspätet hat. Er kommt schließlich aufgeregt in den Salon, gibt der Mutter einen Handkuß und sagt: ‹Mama, ich muß dir etwas Wichtiges sagen: Ich habe mich verlobt!› Darauf die Mutter: ‹Aber Junge, wie wunderschön! Nun sag' nur, wer ist es denn?› Der Sohn: ‹Mama – ich habe mich mit Graf von der Schulenburg verlobt!› Jetzt die Mutter: ‹Aber, Junge, das ist ja furchtbar! Die Schulenburgs sind doch evangelisch!›»

Friedrich-Paul von Groszheim besteht darauf, daß auch dieser Witz in seiner Geschichte Erwähnung findet: «Ich mag es nicht, wenn über uns Schwule immer nur Trauergeschichten erzählt werden. Ich bin für meine Homosexualität mehr als einmal blutig geschlagen worden, aber es ist doch mehr als absurd, daß ein so wertvolles Gefühl wie Liebe überhaupt bestraft wird. Ich kann sagen, ich hatte deshalb nie Schuldgefühle oder gar Minderwertigkeitskomplexe. Warum denn? Nein, auf meine Weise war ich wohl immer ein Hundertfünfundsiebzigprozentiger...

Die zwanziger Jahre, die sogenannten Goldenen Zwanziger waren für mich eine wunderbare Zeit. Dabei verkenne ich nicht die Probleme jener Jahre – die Arbeitslosigkeit, die wachsende Verarmung und politische Radikalisierung. Aber ich war so herrlich jung, ich spürte, daß ich begehrt war, und das genoß ich. In Lübeck gab es den Treffpunkt ‹El Dorado›. Am Wochenende fuhr ich häufiger mit den modernen Doppeldeckerzügen nach Hamburg, schaute mir nachmittags die Antiquitätenläden in der Innenstadt an und ging dann zum Alster-Pavillon. Auf der Empore dort, das war unser Treff-punkt – wir nannten ihn den ‹warmen Hügel›...»

Was gab – gerade auch dem jungen Friedrich-Paul – Orientierung?

«Neben dem gefühlsmäßigen Rückhalt durch die beiden Tanten – meine Schwester war leider zeitlebens gegen mich – waren es sicher die Werte, die ich in der weltanschaulich monarchistisch geprägten Atmosphäre meiner Kindheit und Jugend vermittelt bekam. Das waren Gradlinigkeit, Anständigkeit und Ehrlichkeit! Daran habe ich mich immer gehalten. Ich habe sicher auch Fehler in meinem Leben gemacht, aber ich war immer geradezu und ehrlich mir selbst und anderen gegenüber.

Es mag Ihnen jetzt altmodisch vorkommen, aber ich bin bis heute Monarchist – ein treuer Anhänger des deutschen Kaisers. Ich hasse Bismarck, weil er sich so gräßlich gegen den Kaiser verhalten hat. Und gerade wir Schwulen sollten nicht vergessen, wie sich Kaiser Wilhelm bei Krupps Beerdigung 1903 schützend vor den Freund gestellt hatte, der wegen des Verdachts homosexueller Beziehungen den Freitod gewählt hatte. Es war doch der Pöbel, der sich immer und immer wieder zum Spielball von Vorurteilen und Menschenverachtung machen ließ. Politische Denunziationen wegen angeblicher Homosexualität kamen genauso von den linken wie rechten Parteien, denen traue ich bis heute nicht...»

Und wie war seine Ansicht über engagierte schwule Menschenrechtler wie den Berliner Arzt Magnus Hirschfeld?

«Ich muß Ihnen ehrlich sagen, daß ich das damals irgendwie schmutzig fand. Er breitete diese ganzen Pornographien auf eine Weise aus, von der ich annahm, daß sie unserer Sache eher schaden würden. Hinzu kam wohl auch, daß ich damals dem Judentum gegenüber ablehnend eingestellt war, und Hirschfeld war ja auch Jude. Bei Sigmund Freud hatte ich ähnliche Vorbehalte...»

Wie denkt er heute darüber – nach den Erfahrungen mit Nationalsozialismus und Holocaust?

«Ich leugne selbstverständlich nichts von dem Schrecklichen, das Juden in Deutschland und von Deutschen angetan wurde. Das ist furchtbar und durch nichts zu rechtfertigen. Aber ich war natürlich bei allen Eigenheiten auch ein Kind meiner Zeit und meiner gesellschaftlichen Schicht. Ich las lieber Adolf Brands Edelschwulenzeitung ‹Der Eigene› als Hirschfelds Kampfblätter. Und es war der jüdische Journalist Maximilian Harden, der ab 1907 eine Schmutzkampagne gegen Fürst Philipp zu Eulenburg, den Freund und Berater des Kaisers, angestrengt hatte mit dem Argument, daß ‹sexuell abnorme› Männer Einfluß auf die kaiserliche Außenpolitik hätten...

Schließlich bedrückt mich bis heute, daß im Gegensatz zum schrecklichen Leiden der Juden unter Hitler von unserem Leiden, der Verfolgung der Homosexuellen, so gut wie nichts bekannt ist...»

Anders als viele Zeitgenossen erkennt Friedrich-Paul von Groszheim Anfang der dreißiger Jahre durchaus die drohende Gefahr des erstarkenden Nationalsozialismus in Deutschland: «1933, da war ich 26 Jahre alt, hielt ich das erste Kabinett Hitler schon für schlimm. Ich fürchtete, daß wir mit dieser Figur länger würden leben müssen.»

1934 wird ihm auch die unmittelbare persönliche Gefahr bewußt: «Nach der Ermordung des offen schwulen SA-Führers Ernst Röhm durch Hitler war uns Schwulen in Lübeck klar – da kommt noch was nach! Es gab so etwas wie eine Idee von Solidarität unter uns. Von den einfachen Strichjungen bis zu den wohlhabenden Schwulen wurde gesagt: Was jetzt auch kommen mag – aber zusammenhalten müssen wir doch...

Übrigens sandte ich jedes Jahr weiter einen Geburtstagsglückwunsch an den Kaiser ins niederländische Exil und bekam auch regelmäßig ein persönliches Dankschreiben zurück. Im Februar 1936 war dieses Dankschreiben von Unbekannten geöffnet worden. Es erreichte mich beschmutzt und mit einem Davidstern bekritzelt. Dabei stand die Drohung, daß ich mich als Reaktionär vorsehen solle...

Im gleichen Jahr 1936, kurz nach den Olympischen Spielen in Berlin, wurde in unserem Haus völlig überraschend eine Razzia durchgeführt. Das stand in Zusammenhang mit meiner Freundschaft zu einem Dr. J. in Hamburg. Der war ein ehemaliger jugendbewegter ‹Wandervogel› und hatte mir einmal einen Stapel von Jungen-Fotos zur Aufbewahrung mitgegeben. Die wurden nun bei mir gefunden und der Sittenpolizei übergeben.

Doch bevor sich daraus Weiteres ergab, kam es dann am 23. Januar 1937 zu einer der größten Massenverhaftungen von homosexuellen Männern während der gesamten Nazizeit: An diesem einen Tag wurden in Lübeck 230 schwule Männer festgenommen. Mich verhaftete man frühmorgens aus dem Bett heraus. Niemand von uns war in flagranti erwischt worden. Die ganze Aktion ging im wesentlichen auf das Konto der SS, die mit einem Denunzianten zusammengearbeitet hatte, den wir alle kannten. Der war selbst schwul, ging immer an der Trave spazieren und fand dort seine Kontakte. Ich hatte nie etwas mit ihm gehabt, aber kannte ihn auch vom Sehen.

Was dann erfolgte, können Sie sich heute nicht mehr vorstellen: Zunächst wurden wir alle in das Lübecker Marstall-Gefängnis gebracht. Die richtigen Verhöre begannen erst im Februar. Da wurden wir in die Gestapo-Zentrale, das ‹Wollmagazin›, am Lübecker Dom verlegt. Dort saß ich in einer Zelle, die eiskalt war und voller Kot und Urin. Ich trug immer noch die dünne Kleidung, in der ich verhaftet worden war. Mehrfach wurde ich abgeholt und erbärmlich verprügelt. Wir wurden aufgefordert, uns gegenseitig zu denunzieren... Ich habe nicht geschrien, ich wollte mir um nichts auf der Welt vor diesen Leuten eine Blöße geben... Einmal haben sie mir den Hals umgedreht, da hat es so geknackt in meinem Halswirbel, daß ich dachte, jetzt ist es zu Ende... Geschlagen und geprügelt haben sie uns, bis das Blut nur so spritzte...

Danach wurde man in die Zelle in den Dreck zurückgeworfen, mit all den offenen Wunden in diesen Schmutz. Ich konnte gar nicht mehr liegen, weil alles so schmerzte, und einmal bat ich einen der Wachtmeister um Hilfe: ‹Können Sie mir nicht helfen, meine Wunden zu verbinden?› Da antwortete der nur so von oben herab: ‹Ich sehe nichts!› Das war typisch für deren Geisteshaltung, ein Nazi durch und durch...

Im November 1937 wurde ich dann zu neun Monaten Gefängnis nach Paragraph 175 verurteilt. Da ich schon zehn Monate in Untersuchungshaft gesessen hatte, wurde ich tatsächlich nach der Verhandlung auf freien Fuß gesetzt. Aber meine Existenz war natürlich vernichtet, als Kaufmann konnte ich keinerlei Geschäften mehr

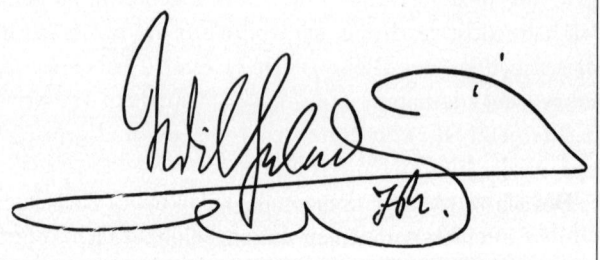

Persönlich gezeichnetes Dankschreiben von Kaiser Wilhelm II.
aus dem niederländischen Exil vom 27. Januar 1935 an
Friedrich-Paul von Groszheim (29).

nachgehen. Dazu muß ich noch sagen, daß die Mehrheit der Bevölkerung eindeutig auf seiten der Nazis war. Die fanden das in Ordnung, daß unter den Schwulen endlich ‹aufgeräumt› wurde. Da war kein Mitleid, nichts.

**Paßfoto von Friedrich-Paul von Groszheim (36)
aus dem Jahre 1942 in Lübeck.**

Nur meine beiden Tanten haben ungebrochen weiter zu mir gehalten, wirklich über all die Jahre. Denn damit war noch längst nicht alles ausgestanden. Bereits 1938 wurde ich erneut – diesmal von der Straße weg – verhaftet. Dieses Mal war ich ganz allein, ganz auf mich gestellt. Es war die schrecklichste Zeit in meinem Leben, diese Erniedrigungen und Quälereien. Meine Tanten berichteten mir später, daß mein treuer Hund tagelang vor dem ‹Wollmagazin› auf mich gewartet hätte. Am 25. November 1938 wurde ich plötzlich entlassen, jedoch wurde mir dabei gesagt: ‹Entweder Sie lassen bis 15. 12. eine Kastration vornehmen – oder wir holen Sie wieder ab!› Die Operation wurde am 15. Dezember 1938 durchgeführt . . .»

Es ist Friedrich-Paul von Groszheim anzumerken, wieviel Überwindung es ihn kostet, hiervon zu sprechen. Bis vor kurzem war dieser Vorfall der einzige Grund, weswegen er nur anonym bereit war, seine Lebensgeschichte, unter anderem im Rahmen eines Fernsehfilms, zu erzählen. «An meinen schwulen Gefühlen hat diese unsinnige Operation überhaupt nichts geändert», fügt er leise hinzu.

Bei seiner Musterung zum Militärdienst Anfang 1940 wird er aufgrund der Kastration für «wehruntauglich» erklärt und muß nicht, wie die meisten seiner Generation, in den Krieg ziehen. Erst im weiteren Verlauf des Krieges wird er beim Luftfahrtamt dienstverpflichtet. Die Gestapo behält ihn weiter im Auge. 1943 kommt es zu seiner dritten Verhaftung – diesmal «wegen monarchistischer Umtriebe»:

«Angeblich hätte ich irgendwo den Hitlergruß nicht ordnungsgemäß erwidert. Die hatten mich einfach auf dem Kieker – ein schwuler Adliger war ein gefundenes Fressen für die. Ich kam als Schutzhäftling in ein Außenlager des KZ Neuengamme – in das Lager Fakkenburger Allee in Lübeck. Ich habe noch heute vor Augen, als ich aus dem Zellenfenster dort sehen konnte, wie mir eine der beiden alten Tanten Waschzeug dorthin brachte... sprechen durften wir natürlich nicht miteinander. Die eine Tante ist bald darauf gestorben – die andere 1956, beide waren ja beinah 50 Jahre älter als ich. Aber wie rührend haben sie sich immer um mich gekümmert. Ich hätte nicht bessere Eltern haben können...»

Schließlich wird Friedrich-Paul von Groszheim aus dem KZ-Außenlager entlassen. Eine Hausangestellte denunziert ihn noch in den letzten Kriegstagen, daß er seinem «Einsatz nicht ordentlich nachkommen» würde. Zum Glück bleibt diese Denunziation ohne Folgen.

«Diese letzten Kriegstage waren noch einmal eine harte Probe – ich war kein Prophet, ich hatte keine Ahnung, wie lange es mit dieser Naziherrschaft noch dauern würde. Als dann im Mai 1945 endlich die Engländer in Travemünde einmarschierten, habe ich am Straßenrand allein mit einer Nachbarin gestanden und Beifall geklatscht. Kurz darauf kamen jede Menge Leute und haben uns wild als Verräter beschimpft...

Ich habe dann sofort nach Kriegsende bei der Antifa mitgemacht. Zum Beispiel habe ich dafür gesorgt, daß ehemalige Obernazis die

**Friedrich-Paul von Groszheim (86) im
Jahre 1992 im Hamburg.**

furchtbaren Leichenberge von KZ-Häftlingen bergen und begraben
mußten, die nach der Tragödie mit dem von den Alliierten zerstörten
Schiff CAP ARCONA an den Ostseestrand vor allem bei Travemünde, Neustadt und Sierksdorf getrieben worden waren. Als ich
dann noch etwas später jedoch eine Anzeige gegen die mir namentlich
bekannten Nazis erstattete, die mich im Gefängnis 1937 und 1938
mißhandelt hatten, war schon wieder niemand mehr zuständig. Das
verlief einfach im Sande...»

Einige Zeit darauf verläßt Friedrich-Paul von Groszheim Lübeck
und zieht nach Hamburg um. Von 1950 bis zu seiner Pensionierung
1972 arbeitet er im angesehenen Hotel «Reichshof»:

«Meine Chefin dort, die gleichzeitig Besitzerin des Hotels war, war eine bemerkenswerte Frau mit einem ausgeprägten Gerechtigkeitssinn und viel humanistischem Engagement. Bereits während des Krieges hatte Frau Martha Langer in einem Teil ihres Hotels geheime Wände ziehen lassen, um dahinter verfolgten Juden Zuflucht zu gewähren. Dafür ist sie nach 1945 in Israel auch besonders geehrt worden.

Sie wußte auch von meiner Veranlagung und hat mich nicht nur bei jeder Gelegenheit in Schutz genommen, sondern später auch mal zu mir gesagt: ‹Komm – jetzt zeige mir doch mal, welche unserer Gäste die netten sind!› Mit ‹nett› meinte sie die Homosexuellen, das Wort selbst lehnte sie ab. Wir haben uns oft prächtig amüsiert miteinander.

Eine wirkliche Befreiung der Homosexuellen ist tatsächlich wohl aber erst seit 1969 feststellbar, seit dieser unsägliche Paragraph 175 reformiert worden ist. Seitdem, sage ich immer, gibt es erst so etwas wie eine Kultur der Homosexuellen in Deutschland...

Einerseits bin ich sehr froh darüber und genieße auch heute in hohem Alter jeden Moment dieser anderen, freieren Atmosphäre. Ich gehe regelmäßig in das Lokal GNOSA in der Langen Reihe in Hamburg, wo sonst ja überwiegend junge Menschen sind. Aber da fühle ich mich keineswegs abgelehnt. Die Bewirtung und viele Gäste sind ganz außerordentlich dort. Außerdem habe ich einen lieben Freund, der in meiner Nähe wohnt und mich rührend betreut.

Jedoch bedrückt mich, daß wir Schwulen nicht viel mehr zusammenhalten und auch in der Öffentlichkeit präsent sind. Gerade auch die Älteren unter uns könnten doch den Jüngeren zur Seite stehen und ihnen Mut machen – was haben wir denn zu verlieren? Aber vielleicht ändert sich das in der Zukunft ja auch noch. Ich bleibe jedenfalls Optimist...»

Quellen:

Interview (anonym) mit Friedrich-Paul von Groszheim in dem Fernsehfilm: «Wir hatten ein großes A am Bein» von Elke Jeanrond und Joseph Weißhaupt, NDR 1991.

«Man kann doch nur sein, was man ist...»

Albrecht Becker, Jg. 1906, Hamburg

Fotografieren ist für Albrecht Becker Beruf und Leidenschaft. In seinem Haus am Stadtrand von Hamburg stapeln sich Fotoalben, gerahmte Bilder und unsortierte Fotokästen. Vergrößerungen eines freundlichen älteren Herrn hängen an der Wand und stehen auf Schränken, dazwischen größere Gemälde, meist südliche Landschaften: «Das ist mein Freund Herbert Kirchhoff, die Bilder hat er gemalt. Das Haus hier haben wir 1960 zusammen gebaut. Kirchhoff ist 1988 gestorben...» Von seinem Freund, mit dem er mehr als 40 Jahre zusammen war, spricht er immer nur mit Nachnamen, manchmal sagt er sogar «Herr Kirchhoff».

Geboren wird Albrecht Becker 1906 in der kleinen Industriestadt Thale im Harz als dritter Sohn eines Bäcker- und Konditormeisters. «Meine beiden älteren Brüder waren immer intelligenter als ich, der eine hat es sogar zum Professor gebracht. Ich mußte mit 9 Jahren von der Oberrealschule abgehen, weil ich das leistungsmäßig nicht geschafft habe. Als ich dann auf die andere Schule kam, weiß ich noch, wie ein Lehrer zum anderen sagte: ‹Der sieht doch eigentlich gar nicht so dumm aus, wie er ist!› Unter diesem Minderwertigkeitskomplex habe ich mein Leben lang gelitten...»

Der Vater von Albrecht ist politisch deutschnational, die Mutter eine «bildschöne Frau». Jedoch haben die Eltern kaum Zeit für den Jüngsten: «Vater stand schon in der Nacht auf, um in der Backstube zu arbeiten, und schlief dann tagsüber. Mutter verkaufte immer im Laden. Im Haus wohnte noch eine verwitwete Handarbeitslehrerin. Eigentlich hat die mich mehr oder weniger erzogen. Bei der spielte ich gern. Sie zeigte mir dann alle möglichen Handarbeitstechniken. Das habe ich sofort und leicht gelernt. Später ist es mir dann ja noch zugute gekommen.»

Mit fünf oder sechs Jahren wünscht sich Albrecht einen Puppenwagen. Er bekommt einen, jedoch ist die Puppe ein kleiner Junge: «Da dachten meine Eltern wohl, das ist eine Art Kompromiß – ich habe mich riesig gefreut darüber...»

Im Ersten Weltkrieg meldet sich der Vater freiwillig und wird Fahrer bei der Artillerie. 1919 kehrt er unversehrt zurück. Albrecht, jetzt knapp 13 Jahre alt, erinnert sich, wie der Vater, damals 46 Jahre alt, auf einem Fahrrad eintrifft: «Da dachte ich, so ein alter Mann und er fährt noch Fahrrad... Er wirkte unheimlich alt auf mich mit seinen gerade Mitte Vierzig...»

Ein Jahr früher hat Albrecht erste sexuelle Kontakte mit anderen Jungen: «Das war aber gar nichts Besonderes. Ich habe mir wirklich nicht viel dabei gedacht, also keine großen Konflikte oder so. Es war ganz schön, nicht mehr...» Eine starke erotische Faszination üben dagegen tätowierte Straßen- und Hafenarbeiter auf ihn aus, deren nackte Oberkörper er manchmal heimlich beobachtet, ohne diese Anziehung näher deuten zu können.

1921, Albrecht ist jetzt 14 Jahre alt, verläßt er die Schule und beginnt eine Lehre in einem Textilwarengeschäft im nahen Quedlinburg. Der Vater sagt dem Jungen: «Mach nie Geschäfte mit Juden – die betrügen dich doch nur...» Albrecht verspürt jedoch Zuneigung zu einem jüdischen Nachbarsmädchen: «Die Marga war wunderschön. Immer wenn sie in den Laden kam, freute ich mich. Manchmal steckte ich ihr auch so etwas zu. Vater erfuhr davon natürlich nichts.»

Mit 17 Jahren wird Albrecht zu einem sechsmonatigen Lehrgang auf eine Textilfachschule nach Reutlingen geschickt. «Da waren sonst nur so Chefsöhne, die da lernen sollten, wie man die Kunden noch besser überredet. Mir haben sie erzählt, ich solle Reisevertreter werden, da könnte man bis zu 1000 Mark verdienen. Bald wurde mir aber klar, daß das nur möglich war, wenn man die Leute im Prinzip übers Ohr haut. So was habe ich nie gekonnt. Aus der Karriere konnte an sich nichts Dolles werden...»

Pfingsten 1924 macht Albrecht einen Ausflug an den Neckar.

Während einer Wanderung begegnet er einem «netten älteren Herrn, vielleicht so um die 40 Jahre alt, der fragte, ob er mich fotografieren dürfte. Zufällig stellte sich kurz darauf heraus, daß er im gleichen Hotel wohnte. Da ist es dann auch zu Zärtlichkeiten gekommen. Es stellte sich heraus, daß er wissenschaftlicher Mitarbeiter im Bayerischen Staatsarchiv in Würzburg war. Wenig später lud er mich dann auch nach Würzburg ein.»

Im Herbst 1924 zieht der beinah achtzehnjährige Albrecht vom Harz ins südliche Würzburg um, wo ihm der «nette Herr» eine Stelle in einem bekannten Modegeschäft vermittelt hatte. Er beginnt dort eine zusätzliche Ausbildung als Dekorateur. «Mit dem Herrn habe ich dann eine gut zehn Jahre andauernde herrliche Vater-Sohn-Beziehung leben dürfen. Er wurde in der Zeit zum Direktor des bayerischen Staatsarchivs ernannt – Prof. Dr. Josef-Friedrich Abert, Jahrgang 1879, ein prominenter Mann, durch den ich ungemein viel verstehen lernte. Sein Onkel war der Erzbischof von Bamberg.»

Für Politik interessiert sich Albrecht in keiner Weise. Ob er je gewählt hat in der Weimarer Republik, vermag er nicht zu erinnern. «Ich habe die Welt als schwuler Mann gesehen, wenn man das überhaupt so sagen kann. Zum Beispiel der damalige Rassismus und Judenhaß erreichte mich nicht wirklich – ich fand viele jüdische Männer ausgesprochen erotisch. Um Gesetze habe ich mich nicht geschert, ich wußte zwar von den gewissen Paragraphen, aber kümmerte mich da einfach nicht drum. Man kann doch nur sein, was man ist. So habe ich mein ganzes Leben gelebt – und so war es auch ein ganz überwiegend glückliches Leben...»

Ein Jahr später, 1926, reist Albrecht zum erstenmal ins Ausland – nach Italien. Dort lernt er eine amerikanische Reisegruppe kennen: «Das waren überwiegend Studenten, die auf Europatour waren. In einen von denen, einen attraktiven jungen Harvard-Studenten aus New York, habe ich mich richtig schön verliebt. Wir sind dann noch zusammen nach Frankreich gereist, waren natürlich auch in Paris, dort habe ich den jungen Maurice Chevalier im Casino de Paris gesehen, eine herrliche Zeit...

Diese Freundschaft hielt über viele Jahre, vor allem natürlich mit

Briefen hin und her. Aber erst 1934, da war ja schon Hitler dran, hatte ich endlich das Geld zusammen für eine Schiffsreise nach Amerika, 750 Mark, das waren drei Monatsgehälter. Da habe ich ihn dann in New York besucht.»

An eine Emigration denkt der inzwischen siebenundzwanzigjährige Albrecht Becker keine Minute: «Ich nahm die politischen Kämpfe am Ende der Weimarer Republik einfach nicht bewußt wahr. Auch an Hitlers Machtergreifung am 30. Januar 1933 habe ich keine persönliche Erinnerung. Ich hatte sowohl kommunistische Freunde als auch Bekannte in der SA. Mir war dabei zu Ohren gekommen, daß der SA-Chef Röhm ein ziemlich offen schwul lebender Mensch war – der propagierte die Homosexualität ja förmlich. Und deshalb glaubte ich, von den Nazis nichts weiter befürchten zu müssen.

Am 30. Juni 1934, als der Röhm dann von den Nazis ermordet wurde, traf mich das völlig überraschend. Ich war an dem Tag mit Freunden beim Baden gewesen. Zunächst ging es noch ohne persönliche Behelligung weiter. Im Januar 1935 erhielt ich dann jedoch eine Vorladung zur Kriminalpolizei. Der Hintergrund war folgender: Zu meinem Bekanntenkreis gehörte auch der jüdische Geschäftsmann Dr. Obermayer in Würzburg, ein gebildeter Mensch, in dessen Wohnzimmer zwanzig Originalzeichnungen von Käthe Kollwitz hingen. Bei dem war nun eine Fotosammlung nackter junger Männer gefunden worden. Der Dr. Obermayer war genauso arglos wie ich gewesen und hatte auf jedem Foto fein säuberlich Namen und Anschrift des Betreffenden notiert. Ein Foto von mir war auch dabeigewesen.

Nach der Vernehmung dachte ich, ich könnte nun wieder nach Hause gehen. Aber da sagte der vernehmende Beamte nur: ‹Sie bleiben hier!› Damit war ich nach Paragraph 175 festgenommen und saß erst einmal ein paar Wochen in Untersuchungshaft. In der Zeit wurde ich jedoch nie geschlagen oder so etwas, sondern im Prinzip immer korrekt behandelt.

Im Frühjahr 1935 gab es dann einen großen Prozeß gegen Homosexuelle in Würzburg: Dabei kam auch meine langjährige Beziehung zu Professor Abert zur Sprache. Für ihn war dies besonders schlimm, denn er wurde aus allen Ämtern entlassen und zu einem Jahr Gefäng-

Der achtzehnjährige Albrecht Becker 1924 in Würzburg.

nis verurteilt. Durch Vermittlung von einflußreichen Verwandten in der katholischen Kirche konnte er nach Abbüßung der Haft von 1936 bis 1940 am Germanischen Institut in Rom eine Arbeit finden. Er hat ebenfalls die NS-Zeit überlebt und ist 1959 mit 80 Jahren gestorben. Ihm hatte man damals nur die Beziehung zu mir nachweisen können.

Die Freunde Herbert Kirchhoff (36) und Albrecht Becker (41) im Jahre 1947 in Hamburg.

Bei mir war es anders, denn ich hatte sexuelle Beziehungen zu mehreren Männern gehabt, und in unserer Naivität hatten wir uns alle gegenseitig belastet. Ich habe tatsächlich auf Fragen nach meinen Beziehungen zu anderen Männern ganz klar geantwortet: ‹Selbstverständlich!› Nachgewiesen wurden mir dann ‹sexuelle Vergehen› mit fünf oder sechs Männern, wofür ich insgesamt zu drei Jahren Gefängnis verurteilt wurde.

Die dreimonatige Untersuchungshaft verbrachte ich in Würzburg. Dort hatte ich wieder Glück im Unglück: Ein älterer Wärter nahm sich meiner an und verhalf mir zu allerlei Erleichterungen. Einmal hat mich dort auch mein Vater besucht, der bis dahin nichts von meiner Homosexualität gewußt hatte. Er war auf seine Weise sprachlos: Da brach natürlich für einen konservativen Bäckermeister eine Welt zusammen. Aber er machte mir gegenüber keine Vorwürfe.

Die anschließende Zeit meiner Haft bis Anfang 1938 habe ich dann in einem Riesengefängnis in Nürnberg verbracht. Als ‹175er› kam ich dort in eine Einzelzelle, aber das war mir im Grunde ganz recht. Ich bekam nach einiger Zeit Bücher zugeteilt und habe die Zeit genutzt, um besser Englisch zu lernen. Die tägliche Arbeit bestand darin, Kartons zu falten und zu verpacken. Von meinem Zellenfenster aus konnte ich einen Birnbaum sehen, an dem ich immer den Stand der Jahreszeit erkennen konnte. Die ersten sechs Monate war ich schon ziemlich deprimiert gewesen. Aber dann kehrte mein Lebenswille zurück. Ich weiß noch genau, daß ich nach sechs Monaten das erste Mal wieder sexuelle Empfindungen verspürt habe und dann wie zur inneren Befreiung onanierte. Von diesem Tag an wußte ich, daß ich nicht aufgeben würde, mir treu zu bleiben. Ich habe in den folgenden Monaten die ersten Experimente mit masochistischen Empfindungen gemacht, in Selbstversuchen sozusagen. Da kamen auch die tiefen leidenschaftlichen Gefühle fürs Tätowieren wieder, die ich schon als kleiner Junge erlebt hatte.

Nicht ohne Komik dabei ist, daß genau die Zelle über mir so eine Art ‹Ehrenzelle› der Nazis war – dort wurde in jenen Tagen eine Gedenktafel für den Obernazi und Judenhasser Nr. 1 Julius Streicher eingeweiht, der dort einmal vor Jahren eingesessen hatte. Ab und zu wurde diese Zelle dann von andächtigen Nazigrößen besucht – und ich saß ein Stockwerk tiefer...»

Zu Beginn des Jahres 1938 wird der einunddreißigjährige Albrecht Becker tatsächlich aus der Haft entlassen und kehrt in das Modegeschäft nach Würzburg zurück. Sein dortiger Chef weiß vom Grund der Inhaftierung, aber nimmt ihn doch sofort wieder in Stellung. An die Pogromnacht vom November 1938 hat er nur wenig persönliche Erinnerungen: «In unserer Straße gab es kaum jüdische Geschäfte. Allerdings weiß ich noch, daß ein mir bekannter jüdischer Rechtsanwalt plötzlich nur noch als Handlanger in einer Tischlerei arbeiten durfte. Mehr haben wir aber darüber nicht gesprochen. Da wurde nicht drüber gesprochen in Deutschland damals...»

Kurz nach Beginn des Zweiten Weltkriegs wird Albrecht Becker gemustert. Im Frühjahr 1940 meldet er sich «freiwillig an die Front».

Die Freunde Albrecht Becker (78) und Herbert Kirchhoff (73) im Jahre 1984 in Hamburg.

Die Vorstrafe nach Paragraph 175 kommt nicht zur Sprache. In einer Kaserne in Regensburg erhält er eine Grundausbildung sowie eine Zusatzausbildung als Funker. «Am Ende der Ausbildungszeit hatte ich gedacht, jetzt geht's wieder nach Hause, und bereits meine Zivilkleidung angezogen, als es dann plötzlich immer weiter ging mit Krieg...»

Bis Ende 1940 leistet er seinen Militärdienst in verschiedenen Kasernen «quer durch Deutschland». Im Januar 1941 wird er als Funker gen Osten kommandiert. Er erlebt den schrecklichen Winter 1941/42 in Rußland im sogenannten «Mittelabschnitt» unter General Guderian. Bei alldem hat er seine kleine Leica-Kamera dabei und fotografiert sich und seine Kameraden: freundliche junge Männer beim Duschen, beim Weihnachten-Feiern, beim Schlafen, beim Haare-

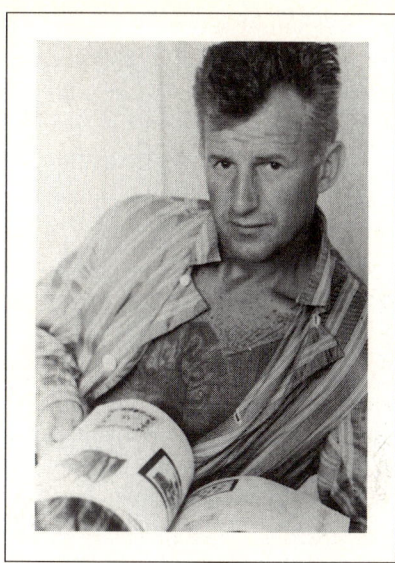

Albrecht Becker (47) im Jahre 1953.

schneiden und Rasieren, beim Nacktbaden in einem Fluß. Hat er nichts von den Grausamkeiten des Krieges in Rußland mitbekommen und fotografiert?

«Nein», sagt Albrecht Becker, «ich war zumeist in einem hinteren Frontabschnitt, und wenn wir kamen, dann war das meiste schon immer passiert. Und im Winter waren wir wochenlang festgefroren. Nie vergessene Bilder: erfrorene junge Soldaten, ohne Schuhe... Schließlich hatte ich im Sommer 1942 ziemliches Glück – da erwischte mich ein Granatsplitter, der meinen Arm traf. Das war ein typischer ‹Heimatschuß›, also schon schlimm und schmerzhaft, aber ungefährlich, und man konnte ins Lazarett und in der Regel auch erst einmal nach Hause. Bei mir wurde dann auch tatsächlich ziemlich lange herumgedoktert in mehreren Lazaretten. Schließlich der Rückmarsch durch Rumänien, Jugoslawien, Ungarn, Österreich.

Im Spätsommer 1944 konnte ich auf Genesungsurlaub nach Würzburg. Dort lernte ich meinen Freund Kirchhoff kennen: Er war dort mit einem Filmteam der UFA, so einer der letzten großen Durchhaltefilme mit Luise Ulrich. Er war als Erster Architekt für die Ausstattung des Films verantwortlich. Kirchhoff, der fünf Jahre jünger ist als ich, war damals 33 Jahre alt. Es war unglaublich romantisch: Wir wanderten da so durch eine Mondnacht und erzählten uns unser Leben. Kirchhoff meinte, ich solle mit ihm beim Film arbeiten – als Dekorateur und Fotograf würde ich gute Voraussetzungen mitbringen.

Doch dann ging erst mal der Krieg zu Ende. Ich erlebte ihn in einem Lazarett in Ulm, als gerade die letzten Granatsplitter herausoperiert worden waren. Da marschierten die Amerikaner ein. Ich bekam dann zuerst einen Passierschein und wanderte allein von Ulm zurück nach Würzburg. Durch einen früheren halbjüdischen Freund, der jetzt als Offizier des amerikanischen Geheimdienstes in Deutschland lebte, erhielt ich – ebenfalls bei den Amis – eine Stellung als Dolmetscher. Am besten an dieser Arbeit war das tägliche Mittagessen in der Kaserne. Ich machte diesen Job bis 1947.

In all der Zeit hielt ich weiter Kontakt zu Kirchhoff, der bereits wieder mit Helmut Käutner arbeitete. Sie hatten gerade den Film ‹In jenen Tagen› fertiggestellt. Kirchhoff arbeitete inzwischen in Hamburg und hat mich dann eines Tages angerufen, daß ich zu ihm kommen solle. Mit einem anderen schwulen Freund aus Würzburg – ein verarmter Adliger, der wechselnd als Schlachter und auf dem Schwarzmarkt sein Geld verdiente – fuhr ich dann im Frühjahr 1947 tatsächlich nach Hamburg.

Die nächsten zwei Jahre war ich so etwas wie Kirchhoffs Schatten. Unser erster gemeinsamer Film war ‹Arche Nora›, in dem der junge Harry Meyen, der spätere erste Mann von Romy Schneider, eine Hauptrolle spielte. Kirchhoff hatte eigentlich immer jüngere Freunde gehabt. Sexuell war es auch nur vier bis sechs Wochen zwischen uns, aber ab dann wuchs wirklich eine tiefe Lebensfreundschaft und Liebe. Er hat auch später immer wieder jüngere Freunde gehabt, ganz überwiegend wirklich sehr nette junge Männer. Ich habe mich weiter

Albrecht Becker (83) im Jahre 1989.

und zunehmend intensiv mit Tätowierungen beschäftigt, eine Zeit-
lang war das wie eine Droge für mich. Kirchhoff konnte diese Leidenschaft nie teilen, aber er hat immer zu mir gehalten, wir haben immer
wunderbar gemeinsam gearbeitet. Zuerst wohnten Kirchhoff und ich
getrennt, 1955 sind wir dann in eine schöne Dachwohnung nach Ep-
pendorf zusammengezogen, und 1960 haben wir uns hier dieses Haus
gebaut...

Beruflich ist es dann über all die Jahre sehr schön und mit viel
Erfolg weitergegangen. Wir haben fest mit Helmut Käutner, Wolfgang Staudte und Geza von Cziffra gearbeitet. 1957 erhielten wir
gemeinsam den Bundesfilmpreis in Gold für die Ausstattung in Käut-
ners ‹Hauptmann von Köpenick› mit Heinz Rühmann in der Hauptrolle und 1961 noch einmal für ‹Das Glas Wasser› mit Gustaf Gründ-
gens.

1988 ist Kirchhoff während eines gemeinsamen Urlaubs in seinem geliebten Malcesine am Gardasee im Alter von 77 Jahren gestorben. Wir haben ein gemeinsames Grab, und auf unserem Grabstein ist auch schon mein Name vermerkt. Erst durch ihn habe ich wirkliches Selbstvertrauen in meinem Leben bekommen. Er hat mich gestärkt und gewärmt...

Doch auch jetzt lebe ich weiter gern jeden Tag, den ich gesund verleben darf. Zum Beispiel fahre ich seit mehr als zehn Jahren jeden Sommer für ein paar Wochen in die Nähe von Würzburg zu einem internationalen Jugend-Musikfest. Dort mache ich alle Fotos von den Aufführungen, von den jungen Künstlerinnen und Künstlern. Das ist eine schöne Aufgabe, zu der ich auch diesen Sommer wieder für sechs Wochen von der Festival-Leitung eingeladen worden bin. Dann habe ich mit jungen Leuten vom Schwulen Museum Berlin über eine mögliche Ausstellung gesprochen, weil ich doch Fotos über all die Jahre habe. Die finden natürlich vor allem auch meine Tätowierungen interessant. Und für mich ist es schön, weiter so nahe und intensive Begegnungen zu haben...»

«Ich konnte ihm nicht
mehr helfen…»

David F., Jg. 1911, Brighton

England, Anfang 1992. David F. lebt inzwischen überwiegend allein in seinem kleinen Haus in der besseren Gegend des südenglischen Badeortes Brighton. Seine Frau leidet an einer fortschreitenden Geisteskrankheit und ist seit einigen Monaten in der geschlossenen Psychiatrie untergebracht. Einmal in der Woche, manchmal öfter, aber sicher einmal am Freitagabend, am Shabbat, kommt der Freund von David zu Besuch. Dann werden die Kerzen angezündet, einer der beiden Männer kocht. Mal der eine, mal der andere. David ist 80 Jahre alt.

Sein Freund Yoav, genannt Joe, ist Mitte Dreißig, vor wenigen Jahren erst aus Israel nach England gekommen. David hat ihm viel hier geholfen, vor allem bei seinem beruflichen Start als Krankenpfleger. Bei der Ausländerpolizei, bei sonstigen Behördengängen, manchmal auch finanziell. Selten bleibt Joe über Nacht. Meist fährt er nachts noch zu seiner Wohnung, die er mit seinem etwa gleichaltrigen Lover teilt.

Vor wenigen Wochen war David länger krank, eine schwere Grippe mit hohem Fieber. Joe war bei ihm, Tag und Nacht. «Ein guter Junge!» sagt David. «Wenn ich ihn nicht hätte…»

Joe lacht: «Ich mache nichts Besonderes!»

Auf dem Nachttisch von David steht ein Foto von Joe neben einem Foto von seiner Frau.

Die Tage mit der Erkältung waren die einzigen in all den letzten Monaten, an denen er nicht bei seiner Frau Delilah in der Irrenanstalt war. «Anstalt» – für das S.-J.-Hospital, südlich von London gelegen, stimmt dieser Ausdruck: Lange, endlos lange Flure, wie dunkle Tunnel mit ungenügender Beleuchtung ausgestattet, verbinden die einzelnen Abteilungen. Türen, Schlösser, Kontrollen. Dann, nach der letzten Gittertür, plötzlich in einem kahlen Raum inmitten sich wirr bewegender oder starr vor sich hinblickender, überwiegend älterer Menschen.

Eine alte, unordentlich gekleidete Frau mit strähnigen Haaren kommt auf David zu, hält ihm fordernd die Hand hin. «Ja, ich habe an dich gedacht, Irene», sagt David jeden Tag und zieht ein Stück Schokolade aus seiner Manteltasche. Irene steckt es in den Mund und geht zurück in ihre Ecke.

Endlich steht David vor seiner Frau Delilah, mit der er seit über 40 Jahren verheiratet ist. Delilah, Tochter eines jüdischen Professors, selbst ausgebildete Krankenschwester. Vom ersten Tag ihrer Einlieferung an, die unvermeidlich wurde, weil sie immer öfter nachts weglief, durch die dunklen Straßen von Brighton irrte und nicht mehr heimfand, tut David alles, um sie von hier fort in eine bessere Klinik zu bekommen. «Es ist alles voll, auch mit Geld nichts zu machen – wir haben jetzt einen Platz auf einer Warteliste...» – «Wir» sagt er.

Delilah erkennt David nicht. Zärtlich nimmt er ihr Gesicht in seine Hände und richtet so ihren Blick auf den seinen. «Delittle!», sagt er leise. Er spricht ihren Namen aus wie den des Tierdoktors Dolittle aus den Kindergeschichten von Hugh Lofting. Dann noch mal: «Delittle, meine süße, kleine Delittle – erkennst du mich?» Delilah lächelt, als sie seine Stimme vernimmt, schaut jedoch weiter ins Leere.

Dann zieht David ihr eine warme Jacke über, kämmt ihre noch immer schönen Haare aus der Stirn und führt sie zur Tür. Ein Pfleger schließt auf und hält eine andere alte Frau zurück, die auch mit hinaus möchte.

Jetzt gehen die beiden gemeinsam alt gewordenen Leute einen der langen, häßlichen Flure hinunter. Bei schönem Wetter in den Park, bei schlechtem Wetter wie heute in eine verrauchte, laute Cafeteria. Eine Stunde lang haben sie für sich. Delilah hält sich fest am Arm ihres Mannes und geht mit vorsichtigen Schritten.

Hinterher bringt er sie zurück in ihre Abteilung und steckt die warme Jacke zurück in die mitgebrachte Tasche.

«Hier kann man nichts lassen – es sind ihr schon so viele Kleidungsstücke abhanden gekommen», erklärt David. Delilah wirkt trotzdem auch hier noch wie eine fein gekleidete ältere Dame.

Dann schreitet David den langen Hügel vom Hospital hinunter zur Bahnstation und fährt zurück nach Brighton. Eine Fahrtstrecke dauert etwa eine Stunde. So ist er täglich drei Stunden unterwegs: zwei Stunden Fahrt, eine Stunde mit Delilah. Außer an den Tagen seiner Krankheit ist er nur ein einziges weiteres Mal nicht gefahren. Da war heftiger Schneesturm in ganz Südengland, und der Bahn- und Busverkehr war zusammengebrochen. «Mehrere Stunden lang habe ich vergeblich versucht, ein Taxi zu bekommen…»

Eine Nachbarin redet auf ihn ein: «In Ihrem Alter sollten Sie nicht mehr jeden Tag hinfahren, Mr. F.!»

Er fährt sie rauh an: «Kümmern Sie sich um Ihren Dreck! Meine Frau wartet auf mich!» Die Nachbarin tippt sich an die Stirn, als David ein Stück weiter ist.

Vor einiger Zeit gab es Streit zwischen David und Joe. Nicht lange, nur für einen Abend. Bevor Joe ging, war wieder alles bereinigt, aber es ist schließlich der einzige gemeinsame Abend in der Woche.

Joe hatte wieder zu fragen begonnen. Er tut das manchmal. In den fünfziger Jahren ist er in Israel geboren, seine Eltern stammen aus Marokko – woher soll er da Genaues wissen von jener Zeit in Europa? Natürlich hat er viel in der Schule gehört, wie jedes israelische Kind. War in der nationalen Holocaust-Gedenkstätte Yad Vashem in Jerusalem, kennt die Zahlen, hat die Fotos gesehen von Opfern und Tätern. Aber wie war es wirklich?

Joe haßt die Deutschen. Nicht konkret, aber doch sehr grundsätzlich. Nur einmal hat er einen wirklichen Deutschen, der in London bei David zu Besuch war, getroffen. Der war ganz in Ordnung, aber eben genauso jung wie er selbst, kein richtiger Deutscher von damals.

David liebt die Deutschen. Joe kann es kaum ertragen, wenn David das so sagt. «Wie kannst du die Deutschen lieben, die dir, die uns, so viel angetan haben?»

«Was weißt du denn?» braust David auf. «Ihr mit eurem Lexikonwissen! Ich habe sie damals geliebt, und ich liebe sie noch heute! Es

49

ist ein Land mit einer tiefen kulturellen Tradition – was für Dichtungen, was für eine Musik!

Und die Deutschen selbst: hochanständige Menschen, ganz überwiegend. Mann – ich kannte sie doch! Ich hätte alles dafür gegeben, auch ein Deutscher bleiben zu können...»

Joe faßt sich an den Kopf: «Unmöglich, wie du redest! Warst du nicht selbst im KZ? Da haben dich doch deine geliebten Deutschen hingebracht, niemand sonst!»

David entgegnet aufgebracht: «Heute wissen es alle besser, was? Nichts wißt ihr besser! Nichts! Schau mal ins Fernsehen – Golfkrieg! Der alltägliche Krieg zwischen Israelis und Arabern...»

«Wie wagst du es, das zu vergleichen?» schreit Joe dazwischen. «Du warst wohl nicht lange genug im KZ? Waren dir die drei Monate in Sachsenhausen nicht genug?»

«Begreif doch!» fährt David beschwörend fort. «Bitte begreife, wie verführbar Menschen sind, nicht nur die Deutschen, alle Menschen! Ich kann die Deutschen nicht hassen, weil ich weiß, weil ich ganz tief in meiner Seele spüre, daß ich damals nicht anders als sie, als die meisten von ihnen, gehandelt hätte, wenn ich ein Deutscher hätte bleiben dürfen.

Ich hatte lediglich das Pech, ein Jude zu sein. Und homosexuell. Das war alles, *so what*? Wenn ich ein Deutscher gewesen wäre, ein guter Deutscher aus meiner Geburtsstadt in Mecklenburg, hätte ich alles mitgemacht wie sie...

Du magst das für eine schreckliche Erkenntnis halten. Sie ist auch schrecklich. Sie kann einen umbringen, verzweifeln lassen am Menschen, vielleicht bin ich verzweifelt am Menschen. Denn meine Liebe zu den Deutschen und ihrem Land ist so sehr enttäuscht worden, und doch ist sie da: die Erkenntnis und die Zuneigung...»

Beinahe trotzig fügt er nach einer Pause hinzu: «Und ich werde sie mir nicht nehmen lassen – von dir nicht, von der hochmütigen jüdischen Gemeinde nicht, von niemandem!»

Erschöpft sinkt David auf seinem Stuhl zusammen. Was hat er jetzt alles wieder gesagt? Hat Joe ihn verstanden?

Sie schweigen eine Weile. Dann wechseln sie das Thema. Joe sagt später zu einem Freund: «Er ist ein guter alter Mann, aber manchmal redet er wirres Zeug. Vielleicht war es einfach zu schrecklich für ihn – damals. Jeder, der überlebt hat, hat seine eigene verrückte Art, es zu verarbeiten.» Joe kommt als jüdischer Krankenpfleger viel herum. Er kennt das von anderen alten Menschen...

David F. wird 1911 in R./Mecklenburg geboren. Sein Vater ist einer der großen Kaufleute in der Stadt und hat Umgang mit allen Honoratioren. Im Ersten Weltkrieg war er Frontkämpfer und empfand hinterher den Vertrag von Versailles als Verrat. David ist das jüngste von vier Geschwistern.

Nach der Volksschule kommt er mit zehn Jahren auf ein Gymnasium. Das Abitur legt er mit zwei Jahren Verspätung im März 1933 im Alter von 21 Jahren ab. Zu der Zeit hat die Familie bereits den politischen Umschwung in Deutschland zu spüren bekommen: «Ab Januar 1933, seit dem Sieg der Nazis, wurden meine Eltern plötzlich von einem auf den anderen Tag von allen nichtjüdischen Freunden geschnitten. Das war ein richtiger Schock für meine Eltern. Mutter hat sich im März 1933 mit Gift umgebracht. Vater lebte ab dann völlig isoliert... Nach dem Krieg habe ich versucht herauszufinden, wann genau er deportiert worden ist. Niemand wußte angeblich etwas über ihn. Er war für alle früheren deutschen Bekannten Luft geworden.»

1934 beginnt David F. eine kaufmännische Ausbildung in R. – nach dem ersten Lehrjahr kann er die Lehre bei einem entfernten Onkel in Berlin fortsetzen. Der «Kleinstadtmief» in R. ist ihm zuwider, voller Freude nimmt er das Angebot des Onkels spontan an. Auch der Vater rät ihm, R. zu verlassen. Die drei Jahre in Berlin, 1935 bis 1938, erlebt Fritz trotz des wachsenden Antisemitismus als «aufregend schöne Zeit»:

«Als ich nach Berlin kam, war ich 24 Jahre alt. Ich war jung, fühlte mich unwiderstehlich und war fasziniert von den Möglichkeiten der Großstadt. Zudem war es mein Traum gewesen, in einer wirklich großen Firma zu arbeiten. Daß wir als Juden zunehmend ausgegrenzt wurden, habe ich einfach nicht ernst genug genommen. Ich konnte und wollte mir nicht vorstellen, auf was das einmal hinauslaufen würde.

In R. hatte ich mich wegen der Familie und vieler Bekannter doch immer kontrolliert gefühlt. Hier in Berlin konnte ich machen, was ich wollte. Dabei war ich keineswegs vermögend. Im Gegenteil. Aber all die Theater, die Konzerthäuser in Berlin! Daß die homosexuellen Lokale überwiegend bereits geschlossen waren, machte mir nicht viel aus. Ich vermißte sie nicht, weil ich sie nie gekannt hatte. Trotz der öffentlichen Haßtiraden gegen Homosexuelle nach der Ermordung Röhms 1934 hatte ich keine Schwierigkeiten, Bekanntschaften zu machen. Es gab weiter vertrauliche Treffpunkte in Berlin. Ein junges, heute unvorstellbar ausgelassenes Leben unter diesen Bedingungen...»

Im Frühjahr 1938 legt David F. seine Prüfung als Großhandelskaufmann ab und erhält gleich darauf eine Stelle in einer Filiale seiner Ausbildungsfirma in P., etwa 80 Kilometer südlich von Berlin.

«Erst war ich natürlich traurig, aus Berlin wegzumüssen, aber dann freute ich mich gleichzeitig sehr auf meine erste eigene Stelle. Ich war vom ersten Tag an Vertreter des Filialleiters und bekam einen für meine Verhältnisse stattlichen Lohn.

Zur Firma gehörte auch ein junger, sehr hübscher Buchhalter von vielleicht 19 Jahren. Dieser junge Mann war bei allen recht beliebt und hieß Wolfgang. Er war auch homosexuell, damals wußte ich das aber noch nicht.»

In P. macht auch David F. erste ihn aufrüttelnde persönliche Erfahrungen mit antisemitischer Gewalt. Es kommt vor, daß Kunden, die die Firma betreten wollen, von SA-Leuten angepöbelt werden. Einmal erhält auch der jüngere Wolfgang einen Faustschlag ins Gesicht, als er bei einer Handgreiflichkeit dazwischengeht. David F. ruft die Polizei, die nicht kommt, sondern ihn nur verhöhnt. «Wir sollen uns nicht einmischen, wenn sich Deutsche unterhalten, sagte mir so ein ungehobelter Beamter am Telefon...»

«Ich hatte es bisher einfach nicht sehen wollen! Am schlimmsten war die sogenannte Polen-Aktion im Oktober 1938, als alle polnisch-jüdischen Familien in P., aber auch sonst im gesamten Reich, die nicht die deutsche Staatsangehörigkeit nachweisen konnten, abgeholt und hinter der polnischen Grenze einfach ausgesetzt wurden. Manche wurden regelrecht hinübergeprügelt. Sie hatten sogenannten Volksdeutschen Platz zu machen, die dafür aus Polen ins Reich kommen durften. Bei uns betraf das fast die Hälfte der Kunden und gut zwei Drittel unserer Lagerarbeiter...»

Im Oktober 1938 erhält David F. von seinem Vater ein Schreiben, in dem er ihm rät, Deutschland zu verlassen. Er teilt ihm mit, daß er begonnen hätte, sich um eine Auswanderungserlaubnis für ihn nach England zu bemühen. David lehnt zunächst ab und möchte Deutschland auf keinen Fall verlassen.

Knapp zwei Wochen später erlebt er, wie die Firma in den frühen Morgenstunden des 10. November 1938 demoliert wird: «Es herrschte in den Tagen davor schon eine gewisse Erregung in P., weil ein junger Jude in Paris einen Angehörigen der deutschen Botschaft erschossen hatte. Dieser Junge hatte das aus Protest getan, weil auch seine Eltern von den Nazis nach Polen verschleppt worden waren. Nun wurden in P. Stimmen laut, die ‹Rache an allen Juden für den Mord von Paris!› forderten. Mein Chef hatte schon erwogen, daß wir Angestellten nachts Wache schieben sollten. Kurz nach Mitternacht trommelte er mich aus dem Bett und forderte mich auf, schnell mit zur Firma zu kommen. Aber als wir da endlich ankamen, war es schon zu spät: Grölende SA-Leute in Uniform mit Fackeln und Knüppeln in den Händen zerschlugen bereits alle Fensterscheiben im Erdgeschoß. Einige kletterten hinein und warfen kurz darauf Aktenordner und nagelneue Schreibmaschinen auf die Straße. Mein Chef war ganz weiß im Gesicht und biß die Lippen zusammen. Es war ein Wunder, daß uns niemand bemerkte und ergriff. Schließlich zog ich ihn vom Ort des Schreckens fort und brachte ihn wieder nach Hause. Wir sahen ein, daß es sinnlos war, die Polizei zu verständigen, und verabredeten uns für den nächsten Morgen zum üblichen Bürobeginn, um aufzuräumen, was noch zu retten war...»

Dazu soll es jedoch für David F. nicht mehr kommen. Noch in derselben Nacht wird er von zwei Gestapo-Leuten im Schlafanzug abgeholt und mit den Worten verhaftet: «Du hast versucht, gutgläubige Deutsche aufzuhetzen!» Für David F. bricht endgültig eine Welt zusammen. Es wird ihm unterstellt, politische Flugblätter in der Firma versteckt zu haben. Als politischer Gefangener wird er zuerst ins Gefängnis von P. und von dort ohne weitere Verhöre direkt ins KZ Sachsenhausen gebracht.

«In Sachsenhausen trug ich immer noch meinen Schlafanzug, nichts weiter. Mit einigen hundert Mitgefangenen mußten wir da in der Kälte auf dem Appellplatz stehen. Es ist ein Wunder, daß ich mir nicht da schon eine Lungenentzündung geholt habe. Am frühen Morgen wurden wir dann in verschiedene Gruppen eingeteilt. Ich gehörte zu einer Gruppe, in der uns zuerst alle Haare vom Kopf und vom Körper geschoren wurden. Das empfand ich als schrecklich erniedrigend. Danach bekamen wir Sträflingskleidung verpaßt und mußten noch am gleichen Tag zur Arbeit ins Klinkerwerk ausrücken...»

Nach ein paar Tagen trifft David F. auf den jungen Wolfgang D. aus P. Trotz der schrecklichen Umgebung freuen sich beide, einander wiederzusehen. Wolfgang scheint es besser als David zu gehen. Einige Zeit später erfährt David von ihm den Grund:

«Der Junge hatte damals eine Affäre mit einem Aufseher. Wolfgang war auch wirklich ein sehr hübscher Junge. Der Wachmann hat ihn als sein Mädchen genommen und für ihn gesorgt. Irgendwie sind die beiden aber erwischt worden. Der Aufseher wurde nie wiedergesehen, einige munkelten, der sei sofort erschossen worden. Ich hatte solche Angst um Wolfgang. Wir hatten nie etwas sexuell miteinander gehabt, aber ich schwärmte doch von der ersten Minute unseres Zusammentreffens in P. für ihn. Er entsprach so sehr meinem Ideal von einem männlichen und doch sanften Geliebten...

Es dauerte zwei Tage, bis ich Wolfgang wieder zu Gesicht bekam. Er war schrecklich zugerichtet worden: Sein Körper war mit blutigen Striemen überzogen und zwei Zähne herausgeschlagen. Aber das Schlimmste offenbarte er mir erst später: Sein After war mit Gewehrkolben so brutal malträtiert worden, daß es ihm unmöglich war zu sitzen. Es gelang mir wenigstens, in seine Baracke verlegt zu werden, um ihn ein wenig zu pflegen und zu stützen, wenn es zur Arbeit ging. Trotz der schweren Verwundungen erhielt Wolfgang keinerlei medizinische Versorgung, von sonstiger Haftverschonung ganz zu schweigen...»

Im Januar 1939 kommt eine erste größere Häftlingsgruppe zur Entlassung. David ist ebenfalls dabei, Wolfgang muß im KZ bleiben. Zurück in P., bemüht sich David sofort um eine Ausreisemöglichkeit für sich und Wolfgang. Mit Hilfe seines Vaters gelingt es ihm, erst für sich und später auch für den Jungen die notwendigen Papiere zu bekommen. Der Vater erhält kein Visum aufgrund seines Alters. Er beschwört seinen Sohn, allein nach England zu gehen.

Jedoch im Frühjahr ist Wolfgang noch immer nicht zurück aus Sachsenhausen. Anfang Juni 1939 kann David unmöglich länger warten, wenn er nicht seine eigenen Papiere gefährden will. «Ich konnte ihm nicht mehr helfen, ich konnte nicht...»

In England kommt er zunächst in ein Flüchtlingslager. Bald darauf erhält er eine Stelle beim britischen Militär. Unmittelbar nach Kriegsende fährt David nach P., um zu erfahren, was aus Wolfgang geworden ist. Dort weiß zunächst niemand etwas, aber er erhält zumindest die Anschrift eines Mithäftlings von Wolfgang in Berlin. Er kann diesen Mann tatsächlich finden und erfährt von ihm, wie es in Sachsenhausen mit Wolfgang weitergegangen war:

«Eines Tages holte ihn ein Kapo ab, weil angeblich ein Visum fürs Ausland für ihn bereitlag. Wolfgang war ganz aufgekratzt vor Freude und verabschiedete sich schon von den anderen. Dann haben sie das Visum vor seinen Augen zerrissen und ihn wieder vorgenommen. Einer der SS-Leute hat ihm einen abgebrochenen Flaschenhals so lange in die kaum verheilten Wunden gestoßen, bis der Junge vor Schmerz ohnmächtig wurde... Er ist aus Sachsenhausen nicht mehr herausgekommen...» Die Stimme von David F. bebt, er kann nicht weitersprechen.

Zurück in England, hat David F. von Anfang an Schwierigkeiten, sich zu Hause zu fühlen. Er findet nur wenige Menschen, mit denen er über seine bedrückenden Erfahrungen sprechen kann. 1951, mit 40 Jahren, beschließt er, in die USA auszuwandern. In Boston findet er bald darauf eine Stellung – und seine Frau Delilah: «Ich habe sie gesehen und einen Tag später gefragt, ob sie meine Frau werden möchte. Ich wollte alles neu beginnen und spürte, daß sie ein Mensch ist, auf den ich mich verlassen kann. Ich habe mich nicht getäuscht in ihr. Sie hat mich immer so akzeptiert, wie ich bin. Sie ist bis heute der mir vertrauteste Mensch...»

Obwohl David in Boston inzwischen sogar Inhaber einer eigenen Firma geworden ist, wächst bei ihm und seiner Frau Unzufriedenheit mit dem politischen Leben in den USA. Als er 1960 während einer Auslandsreise eine gute Position in England angeboten bekommt, redet ihm Delilah zu, diese Möglichkeit anzunehmen. Beide gehen sie noch im gleichen Jahr von Boston nach England. Auch Delilah findet bald eine Stelle in ihrem erlernten Beruf als Krankenschwester. David hat in dieser Zeit ab und zu einige Liebhaber und geht auch manchmal in schwule Bars oder Kinos. Wirklich verbunden fühlt er sich aber nur mit seiner Frau, obwohl es außer in der Anfangszeit nie mehr eine sexuelle Beziehung ist. «Aber zärtlich waren wir schon über all die Jahre», sagt er. Bis zu seiner Pensionierung 1974 mit 63 Jahren arbeitet David anerkannt und mit Erfüllung in seiner Firma.

England, im Februar 1992. Außer Joe hat David nur noch wenige homosexuelle Freunde. Er liest aufmerksam eine schwule Londoner Stadtzeitung, aber geht praktisch nie aus zu den Treffpunkten der Szene. Wenn er einmal Besuch hat, «der» deutsch versteht, rezitiert er leidenschaftlich gern Jakob Wassermann oder Heinrich Heine, auswendig selbstverständlich.

Nach dem Abendessen weist er mich auf einen Zeitungsartikel hin, in dem eine Kriminalstatistik für das Jahr 1988 ausführt, wie viele Männer in England aufgrund einer verschärften britischen Gesetzgebung gegenüber Homosexuellen verurteilt worden sind:

Wegen «Indecency between men», worunter jeder Ausdruck homosexueller Zuneigung in der Öffentlichkeit verstanden wird, sind 1496 Männer bestraft worden. Wegen «Solicitation by man», Flirtversuchen auch im privaten Bereich gegenüber Männern, waren es 698 und wegen «Procuring of homosexual acts», einer Förderung homosexueller Kontakte zum Beispiel durch das zur Verfügungstellen von Räumen für zwei Männer, noch einmal 368 Verurteilte. Zu jenem verschärfenden Gesetz «Clause 28», das darüber hinaus jede positive Darstellung von Homosexualität im Schulunterricht verbietet, soll nun noch ein «Clause 29» kommen, der es ermöglicht, auch solche «Delikte» strafrechtlich zu verfolgen, bei denen es an sich kein Opfer gibt, weil alles in gegenseitigem Einvernehmen der Betroffenen geschehen ist.

David F. kommentiert den Artikel nicht. Lediglich in bezug auf die Veröffentlichung seiner Erinnerungen in meinem Buch bittet er um eine sorgfältige Anonymisierung: «Du mußt verstehen, daß ich dir keine Fotos geben kann... nicht unter britischen Bedingungen.»

Später zeigt er mir einen Brief, den er kürzlich von Joe bekommen hat. Die letzte Zeile lautet in englisch und hebräisch: «Für David in ehrlicher und tiefer Liebe von Joe.»

«In Auschwitz hatte ich meine größte Liebe...»

Karl B., Jg. 1912, Bremen

Im Herbst 1988 ruft ein älterer Herr beim Bremer Schwulen-Zentrum «Rat & Tat» an: Er sei 76 Jahre alt und hätte in der Zeitung von der Sonderregelung des Landes Bremen zur «Wiedergutmachung» für vergessene Opfer der NS-Herrschaft gelesen. Ob ihm die jungen Leute im Zentrum bei der Antragstellung behilflich sein könnten?

Die Mitarbeiter des Zentrums laden Herrn B. zu einem Gespräch ein. Er ist zunächst verunsichert über die informelle Atmosphäre bei der Begrüßung und hat eine Weile Bedenken, wie offen er hier reden kann. Erst nach mehreren Gesprächen gewinnen die «jungen Leute» allmählich sein Vertrauen. Karl B. erzählt ihnen nicht nur seine Geschichte. Am Ende des Gesprächs offenbart er ihnen seinen größten heimlichen Wunsch: Einmal vor seinem Tode möchte er noch zur Gedenkstätte Auschwitz fahren, in der er von Juni 1943 bis Januar 1945 als NS-Häftling war. Warum?

Karl B. zögert wieder eine Weile mit der Antwort. Dann sagt er leise: «In Auschwitz hatte ich meine größte Liebe...»

Dieser Wunsch wird zum Anlaß für zwanzig Männer aus Norddeutschland im Alter von 22 bis 49 Jahren, als erste offen schwule Gruppe gemeinsam mit der Aktion Sühnezeichen eine Fahrt zur polnischen Gedenkstätte Auschwitz für den Sommer 1989 vorzubereiten. Mit dabei sind Karl B. und ein anderer ehemaliger NS-Häftling, Friedo R., 75 Jahre, der später zu der Gruppe dazustößt.

Karl B. ist ein bescheidener, unauffälliger alter Herr, eher klein und meist freundlich lächelnd, zuweilen eine humorvolle Bemerkung leise einwerfend. Er berichtet wenig von selbst. Wenn er gefragt wird, erzählt er eher nüchtern, in wenigen sachlichen Worten. Die tieferen Emotionen sind verborgen und treten nur manchmal, scheinbar unvermittelt, auf – dann stehen Karl B. plötzlich Tränen in den Augen, und er kann für einen Moment nicht weitersprechen.

Geboren ist er 1912, ja, hier in Norddeutschland, in der Nähe von Bremen. Über seine Familie redet er nicht gern. In der Kindheit sei nichts Besonderes gewesen, eben Schule, eine langweilige Schule, und irgendwann der erste Spott von Schulkameraden, die ihn aufzogen wegen allem möglichen.

«Ich war ein häßliches Kind, solche haben es immer schwerer», sagt er.

Daß er homosexuell fühlte, merkte er so mit 15 oder 16 Jahren. Große Abenteuer geschahen jedoch nicht. Als Hitler an die Macht kam, war ihm klar, daß er seine Gefühle absolut verbergen mußte und zu niemandem darüber sprechen durfte.

«Ich war gerade 20 Jahre alt geworden, im Dezember 1932. Das ist ja eigentlich das Alter, wo es doch sonst losgeht. Das Leben überhaupt, meine ich. Aber bei mir war nicht viel. Ich hatte eine Ausbildung als Diakon bei einer Kirchengemeinde begonnen. Ansonsten wohnte ich weiter zu Hause bei meiner Mutter, Vater war früh gestorben.»

Trotzdem – «beinah unvermeidlich», wie er sagt – trifft er bald darauf aber doch auf andere Männer, die so empfinden wie er. Gerüchteweise hört er von Orten, wo sich solche «Abartigen» nachts, im Dunkeln und heimlich, treffen. Irgendwann, voller innerer Unruhe und unerfüllter Sehnsucht, sucht er diese Orte auf. Es kommt zu flüchtigen und überwiegend unbefriedigenden Kontakten.

«Die meisten, die ich traf, waren genauso unfrei und angstvoll wie ich auch. Was sollte dabei nun herauskommen? Aber es wurde mit den Jahren noch schlimmer: Die Nazis begannen ab 1934/35 systematisch, Homosexuelle zu verfolgen. Und wenn sie einmal einen ergriffen hatten, dann wurde der mißbraucht, um andere zu denunzieren...»

1939 – Karl ist jetzt 26 Jahre alt – wird er nichtsahnend von der Gestapo zu Hause abgeholt. Später eröffnen ihm die Beamten, daß ihn jemand angezeigt hätte wegen Vergehen nach Paragraph 175.

«Ich erschrak natürlich entsetzlich. Als ich dann erfuhr, wobei mich der Denunziant gesehen haben wollte, bestätigte sich ein schlimmer Verdacht: Die Anzeige stammte von einem ehemaligen Liebhaber, den ich abgewiesen hatte. Er hatte sie ohne Not und nur aus Eifersucht getätigt. Ja, so war das. Auf niemanden konnte man sich verlassen, auf niemanden...»

Karl B. wird von der Gestapo in Untersuchungshaft verbracht. Ein paar Tage später zwingt ihn dort ein SS-Offizier mit vorgehaltener Pistole, ein Geständnis zu unterschreiben. Ohne Gerichtsverhandlung wird er einige Wochen später als «Schutzhäftling» mit einem rosa Winkel in das erst seit Dezember 1938 im Aufbau befindliche KZ Neuengamme, knapp 30 Kilometer östlich von Hamburg, transportiert.

In Neuengamme gibt es keine Gaskammern – hier lautet die brutale Devise «Vernichtung durch Arbeit». Die unterernährten und mangelhaft bekleideten Häftlinge arbeiten im Sommer wie im Winter in einem großen Klinkerwerk an der Herstellung von Ziegelsteinen, in verschiedenen Außenlagern für die Rüstungsindustrie und – besonders berüchtigt – bei Elbregulierungsmaßnahmen, bei denen Häftlinge nicht selten stundenlang im eiskalten Flußwasser stehen müssen. Von den über 100 000 Häftlingen aller europäischen Nationen, die bis zur Evakuierung im April 1945 in das Lager kamen, verloren 56 000 Menschen in Neuengamme ihr Leben.

Karl B., der als Pfleger im Krankenbau arbeiten kann, muß das Lager am 1. Juni 1943 verlassen – in Richtung Auschwitz: Er hatte sich geweigert, die Brotration der ihm anvertrauten polnischen Gefangenen zu halbieren. Sie soll «reichsdeutschen» Gefangenen zugeteilt werden. Karl B. sagt dem Aufseher: «Meine Heimat ist dort, wo ich gut behandelt werde. Es ist unmenschlich, die Polen so zu behandeln...»

Karl B. weiß bis heute nicht, wieso er für diese «Dreistigkeit» nicht viel schlimmer bestraft wurde. Eine Vermutung ist, daß in jenen Wochen im KZ Auschwitz ein erhöhter Bedarf an erfahrenen Krankenpflegern bestand. Mehrere Firmen hatten geklagt, daß mit den unterernährten und häufig kranken Häftlingen «nichts anzufangen» sei.

Jedenfalls geht Karl B. mit einem kleinen Gefangenentransport von Neuengamme nach Auschwitz, der nur aus Pflegepersonal besteht.

Bereits während der Fahrt nach Auschwitz gelingt es Karl, seinen rosa Winkel unbemerkt von der Gefangenenkleidung abzutrennen und verschwinden zu lassen. Als er in Auschwitz aufgenommen, registriert und fotografiert wird, antwortet er auf die Frage nach dem Grund seiner Inhaftierung geistesgegenwärtig: «politisch!»

Ohne weitere Rückfragen erhält er in Auschwitz den roten Winkel der politischen Häftlinge und eine neue Häftlingsnummer: 124630. Allein damit ist er schon von einer der «untersten Stufen» in der Gefängnishierarchie aufgestiegen. Es wird aber noch besser: Nur kurze Zeit, nachdem er im Stammlager Auschwitz untergebracht ist, wird er zum «Blockältesten» ernannt und hat ab jetzt als «Funktionshäftling» weitere Vergünstigungen.

«Ich kann mir dieses Glück bis heute im Grunde nicht erklären. Dabei hatte ich keinerlei besondere Beziehungen, als ich in Auschwitz ankam. Ich war vielmehr ein ziemliches Wrack und hätte wohl nicht mehr lange gemacht, wenn ich nicht ab jetzt ein – im Vergleich zu den meisten anderen Gefangenen in Auschwitz – besseres Leben gehabt hätte. Also einfach mal ein bißchen mehr zu essen und so weiter...»

Anders als manche anderen «Funktionshäftlinge», die ihre Privilegien schnell zu einem System von Unterdrückung der anderen Gefangenen ausbauten, um die einmal erlangte Stellung möglichst lange halten zu können, bemüht sich Karl «um ein faires Miteinanderumgehen...»

«Besonders schlimm dran waren hier die Juden und die Zigeuner, wie sie damals genannt wurden. Die wurden irgendwann erst gar nicht mehr registriert, sondern gleich in die Gaskammern geschickt, vor allem Kinder und ältere Leute. Dann kamen die damals als ‹Untermenschen› bezeichneten Völker des Ostens, also vor allem Polen und Russen, dran. Die Deutschen galten selbst als Häftlinge hier noch als etwas Besseres...»

Einzige Ausnahme bildeten die deutschen Homosexuellen. Während des Aufenthaltes der Bremer Schwulengruppe in der Gedenkstätte hilft eine polnische Archivarin beim Aufspüren von Karteien jener Gefangenen, die hier wegen Paragraph 175 eingeliefert worden waren. Nach offiziellen Statistiken des «Dritten Reiches» sind etwa 50 000 Männer in jener Zeit nach Paragraph 175 verurteilt worden. Wie viele von ihnen, ähnlich wie Karl, in Konzentrationslager verschleppt wurden, darüber herrscht unter Historikern bis heute Unklarheit. Geschätzt wird eine Zahl von etwa 10 000 Männern aller Altersstufen und Berufsgruppen.

Einigen dieser vergessenen Opfer können während der Archivarbeit Namen gegeben werden: Der kaufmännische Angestellte Erwin Schimitzek ist 23 Jahre alt, als er im August 1941 als Häftling mit dem rosa Winkel in Auschwitz inhaftiert wird. Nach nur fünf Monaten Aufenthalt erscheint sein Name bereits auf der Sterbeliste, ohne Angabe einer Todesursache. Der sechsunddreißigjährige Gerichtsassessor Rudolf von Meyer schafft es, vierzehn Monate in Auschwitz zu überleben. Sein Todesdatum ist auf den 19. August 1941 eingetragen. Für die älteren Häftlinge scheinen die Überlebenschancen noch geringer gewesen zu sein: Die wegen Paragraph 175 eingelieferten Häftlinge Dr. Walter Peters, Arzt, und Alfred Fischer, Schuhmacher, die zum Zeitpunkt der Aufnahme in Auschwitz 51 und 60 Jahre alt sind, überleben hier nur wenige Tage.

Der Angestellte, der Gerichtsassessor, der Schuster und der Arzt – wie waren sie nach Auschwitz gekommen? Wer hatte sie denunziert? Waren sie gemeinsam mit einem Freund verhaftet worden? War der Freund gar mit ihnen nach Auschwitz verbracht worden? Was wußten die Familien der Ermordeten damals – was wissen sie heute über das Schicksal ihrer Söhne und Brüder?

Der ehemalige Kommandant des Konzentrationslagers Auschwitz Rudolf Höß schrieb 1947 im Gefängnis von Krakau, wenige Wochen vor seiner Hinrichtung wegen Verbrechen gegen die Menschlichkeit, die folgenden Sätze über die Häftlinge mit dem rosa Winkel:

«Bei diesen half keine noch so schwere Arbeit, keine noch so strenge Aufsicht... Da sie von ihrem Laster nicht lassen konnten oder nicht wollten, wußten sie, daß sie nicht mehr frei würden. Dieser stärkst wirksame psychische Druck bei diesen meist zartbesaiteten

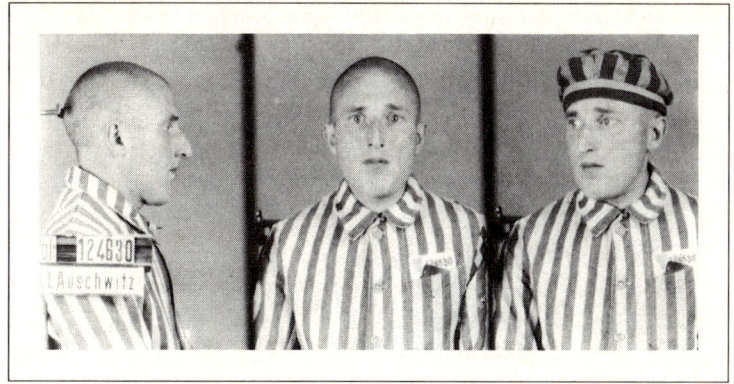

Karl B. (31) im Jahre 1943 – das offizielle Aufnahme-Foto im KZ Auschwitz.

Naturen beschleunigte den physischen Verfall. Kam dazu noch etwa der Verlust des ‹Freundes› durch Krankheit oder gar durch Tod, so konnte man den Exitus voraussehen. Viele begingen Selbstmord. Der ‹Freund› bedeutete diesen Naturen in dieser Lage alles. Es kam auch mehrere Male vor, daß zwei Freunde zusammen in den Tod gingen.»

Auch Karl B. findet in Auschwitz Freunde. Vor allem zu einigen polnischen Mithäftlingen knüpft er engere Beziehungen. Zwei von ihnen werden zu seinen Geliebten – Zbigniew und Tadeusz.

Als die Gruppe am zweiten Tag in der Gedenkstätte das Stammlager besichtigt, geht Karl plötzlich zum erstenmal voran, auf eines der vormals als Militärkasernen genutzten Steinhäuser zu: «Hier war ich untergebracht – in diesem Haus im zweiten Stock!»

Das Gebäude ist verschlossen. Seit Jahren liegt drinnen nur Schutt. Es fehlt das Geld, um es renovieren zu können. Endlich kann trotzdem ein Schlüssel besorgt werden. Wieder geht Karl mit eiligen Schritten voran, erklimmt die brüchigen Treppenstufen und stößt mehrere Türen auf. Im zweiten Stock biegt er sofort nach links ein und hält vor einem kleineren Zimmer an, dessen trübe Fensterscheiben einen Blick nach draußen verwehren. Er zittert am ganzen Körper, beinahe versagt ihm die Stimme:

«Hier war meine Stube als Blockältester... hier war es... hier habe ich die glücklichste Zeit meines Lebens verbracht – mit Zbigniew...»

Alle sind erschüttert vom Bild dieses erregten kleinen, sonst so ruhigen Mannes. Einer der Jüngeren fragt nach einer Weile fassungslos nach: «Aber das ganze Elend drumherum – wie konntet ihr euch hier lieben?»

Karl antwortet nicht. Es gibt nichts zu erklären. Hier hat er das einzige Mal in seinem Leben die Liebe eines anderen Mannes erfahren – nur hier. Nicht vorher – und niemals mehr später in seinem Leben.

Dabei war dies auch hier selbstverständlich nur unter größten Risiken möglich: «Der Obersturmbannführer Sell hatte mich lange Zeit im Visier und verdächtigte mich, homosexuell zu sein, obwohl ich ja den roten Winkel trug. Aber vielleicht hatte er irgendwie Wind bekommen. Er traktierte mich, wo er nur konnte. Am schlimmsten war einmal, als ich gezwungen wurde, das Lagerbordell aufzusuchen, das es hier in Auschwitz gab, um zu ‹beweisen›, daß ich nicht so war. Schrecklich, die armen Mädchen. Ich habe es irgendwie überstanden...»

Tage später erfährt die Gruppe, daß Karls Geliebter Zbigniew in Auschwitz ermordet wurde. Auch Tadeusz. Während die anderen kurz vor der Abreise Blumen für alle vergessenen homosexuellen Opfer der NS-Zeit niederlegen und ihr Anliegen auch in mehreren Sprachen deutlich machen, legt Karl einen einzelnen Rosenstrauß mit einem handgeschriebenen Zettel dazu: «Für meine Kameraden Zbigniew und Tadeusz – Karl».

Während die Gruppe noch eine weitere Woche in Polen bleibt, um Kontakte zu gerade im Entstehen befindlichen polnischen Schwulengruppen aufzunehmen, reist Karl am darauffolgenden Tag vorzeitig heim, völlig erschöpft, aber tief glücklich.

In all den Jahren nach 1945 hat er davon geträumt, den Ort seiner «großen Liebe» noch einmal wiederzusehen. In all den Nachkriegs-

46 Jahre später – 1989 besucht Karl B. die Gedenkstätte Auschwitz und legt Blumen nieder für seine damaligen Geliebten Zbigniew und Tadeusz.

jahren, in denen für ihn die Unterdrückung als homosexueller Mann keineswegs beendet war. Von seinen Verwandten und nichthomosexuellen Freunden wußte nur die Mutter den wahren Grund der Inhaftierung. Allen anderen gegenüber wurde es peinlich verschwiegen. Wo immer möglich, sagte die Mutter einfach: «Mein Junge ist im Krieg!»

«Das fiel nicht auf, die meisten in meinem Alter waren ja bereits eingezogen», sagt Karl.

Zunächst ist er zehn Jahre arbeitslos. «Nicht vermittelbar!» meint der Beamte vom Arbeitsamt.

1951 heiratet Karl B. unter dem Druck der Umwelt eine zehn Jahre ältere Frau – «eine Abmachung auf Gegenseitigkeit»: «Sie wollte ihre Einsamkeit überwinden, ich fühlte mich etwas sicherer dadurch.»

Die Sicherheit trügt. Als er endlich eine Stelle als Sekretär in einem Seemannsheim findet, wird in seiner Wohnung eingebrochen. Die Täter kennen Karl aus dem Seemannsheim. Sie werden aufgrund von Fingerabdrücken gefaßt und behaupten bei der Vernehmung, es sei nur eine Rache gewesen, weil Karl B. sich ihnen sexuell aufdringlich genähert hätte. Daraufhin wird Karl B. vorgeladen und erkennungsdienstlich behandelt. Plötzlich liegt seine Strafakte aus der NS-Zeit wieder auf dem Tisch. «Sie sind ja nicht das erste Mal wegen so etwas bei uns», sagt einer der Polizeibeamten zu Karl.

Nach einiger Zeit verläuft die ganze Sache im Sande. Die Diebe werden nicht angeklagt, die Polizei ermittelt nicht weiter gegen Karl. Doch der Schock sitzt tief. Über Jahre leidet Karl an Schlafstörungen, seine Nerven sind zerrüttet.

Und doch nimmt er im Herbst 1988 allen Mut zusammen, als er zum Telefon greift, um beim Bremer Schwulenzentrum anzurufen. Und er verwirklicht seinen langgehegten Traum...

Nach Monaten wird sein Antrag beschieden: Karl B. erhält 5000 DM Entschädigung für sechs Jahre in deutschen Konzentrationslagern.

Zwei Wochen nach der Rückkehr aus Auschwitz schreibt Karl B. einen Brief an einen Mitarbeiter des Bremer Schwulenzentrums:

«Nachdem ich meine zweitägige Rückfahrt von Auschwitz nach hier hinter mir habe, vollkommen aufgelöst hier ankam und bis heute das Bett hüten mußte, will ich Dir heute einige Zeilen schreiben.

Auschwitz und alles, was wir dort vorfanden, hat mich derart überwältigt, daß ich einfach nichts anderes tun konnte, um zu sehen nach Hause zu kommen. Es hat uns wohl alle sehr bewegt, und ich konnte mich bei der abendlichen Zusammenkunft nicht äußern...

Meinen herzlichsten Dank, daß Ihr mir ermöglicht habt, an der Reise teilzunehmen... Verzeih' meine fehlerhafte Schreibweise, aber wem das Herz so voll ist, dem läuft der Mund über...

Immer Euer Karl.»

Quellen:

GLUSCZYNSKI, Andreas: «Ich will jetzt meine Ruhe haben!». Karl B., ehemaliger NS-Häftling (Interview). In: magnus (Berlin) 10/1989, S. 52.

van DICK, Lutz/KRANICH, Christoph: Zeugnisse des Schreckens. Schwule besuchen die KZ-Gedenkstätte Auschwitz. In: magnus (Berlin) 10/1989, S. 48−51.

van DICK, Lutz/KRANICH, Christoph: De vriend betekende alles. Homos bezoeken Auschwitz. In: Sek. Lesbisch- en Homoblad (Amsterdam) 10/1989.

van DICK, Lutz: Vergessene Opfer. Eine Gruppe Homosexueller unternahm eine Gedenkreise nach Auschwitz. In: DIE ZEIT vom 27.10.1989, S. 85.

HÖSS, Rudolf: Kommandant in Auschwitz. Autobiographische Aufzeichnungen des Rudolf Höss. Herausgegeben von Martin BROSZAT, München 1963.

«Alles in allem ein erfülltes Leben – trotzdem...»

Jakob K., Jg. 1913, M. in Niedersachsen

Dreimal in der Woche fährt Jakob K. auf seinem Fahrrad über 20 Kilometer von seinem Dorf M. in die niedersächsische Kleinstadt L. In L. befindet sich ein Heimatmuseum, dem Jakob K. seit neun Jahren als ehrenamtlicher Leiter vorsteht. Jakob K. ist heute 77 Jahre alt.

Als ich Jakob K. im Sommer 1991 in «seinem» Museum besuche, hat er gerade eine Delegation aus Schweden verabschiedet. «Die kommen hierher aus der ganzen Welt!» sagt er nicht ohne Stolz. Kennengelernt habe ich ihn erst wenige Wochen zuvor, als er mich vor einer Lesung in einer Hamburger Kirchengemeinde ansprach: «Ich habe damals unter den Nazis wegen Paragraph 175 im Zuchthaus gesessen. Sie interessieren sich doch für diese Zeit, nicht? Vielleicht interessiert Sie auch meine Geschichte?»

Geboren ist Jakob K. 1913 in Kaiserslautern. Seine Eltern betreiben das Hotel Zur Traube im nahegelegenen Kirchheimbolanden. Jakob hat einen drei Jahre jüngeren Bruder. Nach der Volksschule besucht er ein Gymnasium bis zur 10. Klasse. 1932 ist Jakob 19 Jahre alt und beschließt gegen den Willen des Vaters, auf das einjährige Lehrerseminar zu gehen.

Zu dieser Zeit ist er bereits seit vier Jahren fest befreundet mit dem fünfzehnjährigen Walter Vogel. Kennengelernt haben sich beide noch auf dem Gymnasium:

«Walter war einige Klassen unter mir. Einmal auf dem Nachhauseweg hatte mein Fahrrad einen platten Reifen. Während ich noch am Wegesrand stand und überlegte, hielt plötzlich Walter mit seinem Fahrrad neben mir. Er lächelte mich an und fragte, ob er mir helfen könne. Dann hat er mit seinen damals elf Jahren mein Rad geflickt,

**Walter Vogel (14, rechts im Bild), der erste Freund, im Jahre
1931 mit einem anderen Jungen aus der gemeinsamen
Jugendgruppe.**

und wir sind zusammen heimgefahren. 1928 war das – in dem Jahr
wurde ich fünfzehn. Seit diesem Tag waren wir sieben Jahre zusammen.»

Walters Vater ist Förster. Jakob ist ein immer gern gesehener Gast
im Forsthaus. Beide Jungen unternehmen Wanderungen, gehen
im Sommer zusammen schwimmen und im Winter Schlittschuh lau-

fen. Sie treten der Jugendbewegung im Rahmen des Nerother Bundes, einer nationalistisch orientierten, bündischen Jugendorganisation, bei:

«Natürlich wurde über uns auch geredet. Ein Gast im Hotel sagte zu meiner Mutter einmal: ‹Der Jakob soll sich mal vorsehen, so wie der ist.›»

Doch zunächst gibt es andere Sorgen mit den Eltern. Der Vater verlangt von Jakob, daß er im Geschäft mithilft und eine «richtige Ausbildung» macht. Zunächst willigt der Junge ein und absolviert eine einjährige Lehre zum Bank- und Versicherungskaufmann, um anschließend für zwei Jahre im Hotel mitzuarbeiten.

«Eine Zeit voller Streit war das!» erinnert sich Jakob K. heute. «Mein Vater war Handwerker und hatte überhaupt keine kulturellen Interessen. Es gab ständig Auseinandersetzungen. Ich bekam zum Beispiel heraus, daß am großen Eichentisch in unserem Restaurant Ludwig Uhland über 100 Jahre früher das Volkslied geschrieben hatte: ‹Es zogen einst drei Burschen wohl über den Rhein›. Die ‹drei Burschen› waren er und zwei seiner Freunde. So etwas fand Vater Zeitverschwendung.

Schließlich hielt ich es überhaupt nicht mehr aus und ging auf eigene Faust zu einem Berufsberater und bat den um Hilfe. Der meinte: ‹Jemand mit Ihren Fähigkeiten sollte den Beruf eines Erziehers ausüben. Gehen Sie mal zur Reichsführerschule für Landjahr-Erzieher!› Es war inzwischen das Jahr 1935, Hitler war an der Macht, und ich war nur froh, von zu Hause wegzukommen...»

Hinzu kam, daß in dieser Zeit auch die Freundschaft mit Walter Vogel zerbrach: «Wir haben uns eigentlich nicht richtig gestritten. Aber es war für uns beide nicht leicht, den ständigen Verdächtigungen standzuhalten. Ich war jetzt 22 und Walter 18 Jahre alt. Meinen Eltern wurde einmal gesagt: ‹Ihr Sohn soll sich mal in acht nehmen, auf den ist schon die Gestapo aufmerksam geworden...› Meine Eltern waren entsetzt und wütend darüber. ‹Mach uns ja keine Schande!› warnte mich Vater.

Nicht so die Eltern von Walter. Die mochten mich immer sehr gern. 1941 ist Walter mit 24 Jahren am ersten Tag des Überfalls der

Heiner Herold (21), der zweite Freund, im Jahre 1943.

deutschen Wehrmacht auf die Sowjetunion gefallen. Als ich die Eltern nach dem Kriege im Forsthaus besuchte, umarmten sie mich mit
Tränen in den Augen und sagten zu mir: ‹Wenn du kommst, ist es,
als wenn unser Walter käme...›»

Die «Reichsführerschule» in Wolzig bei Berlin entpuppt sich als
halbmilitärisches Trainingslager. Für viele der siebzig Kandidaten
werden die Wochen zur Tortur. Nur dreißig werden genommen, Jakob K. ist dabei: «Mir haben die körperlichen Leistungstests nicht
soviel ausgemacht, weil ich durch die Wanderzeit mit Walter in der
Bündischen Jugend das Leben in der Natur gewohnt war. Ansonsten
konzentrierte ich mich auf die kulturellen Lehrgänge, zum Beispiel

über Theodor Fontane und so etwas. Ich freute mich auf die Zeit, wenn ich erst als selbständiger Erzieher würde arbeiten können.»

Zuerst kam jedoch eine Enttäuschung. Jakob K. wird zu seinem ersten Einsatz ans andere Ende des Reiches nach Ostpreußen geschickt. Er möchte aber von seinen Freunden aus der früheren Bündischen Jugend, die inzwischen in der Hitlerjugend aufgelöst ist, nicht so völlig getrennt sein. Nach einigen Wochen hat er mit seinem Versetzungsantrag Erfolg und kommt noch 1935 in ein Lager zurück in den Südwesten Preußens. Ab 1937 ist er im Landjahrlager Saargemünd im Saarland tätig. 1938 erfährt er, daß sich sein ehemaliger Geliebter Walter freiwillig zum Militär gemeldet hat: «1938 war das Unglücksjahr meines Lebens. In diesem Jahr ging die erste Phase meines Lebens – die Phase der trotz aller Schwierigkeiten beglückenden Freundschaften – zu Ende. Im November dieses Jahres kam es auch zu meiner Festnahme nach Paragraph 175 aufgrund einer Denunziation. Was war geschehen?

Unser Lagerführer Heinz Tölle hatte mich schon seit längerem auf dem Kieker. Der war auch nicht viel älter als ich, hatte aber einmal gehört, daß ich früher bei den Nerothern gewesen bin. ‹Die litten doch alle an der Krankheit der Jugend!› sagte er einmal verächtlich und meinte damit die dort diskutierte Homoerotik von Hans Blüher und anderen. Entsprechend sah ich mich eigentlich ohnehin schon vor. Also irgendwelche sexuellen Sachen sind da nie bei mir vorgekommen.

Er nahm schießlich ein an sich beiläufiges Ereignis zum Anlaß, um Wirbel zu machen und mich bei der Gestapo anzuzeigen. Wir hatten zu der Zeit eine Gruppe von achtzig Jungen aus Berlin im Lager. Dabei war der 14jährige Harald G., ein wirklich netter Junge, mit dem ich mich gut verstand, mehr nicht. Den Namen erinnere ich bis heute, weil er dann später bei der Gerichtsverhandlung vernommen wurde und auf so typische Suggestivfragen immer nur ja oder nein sagen durfte. Dieser Harald rutschte nun eines Tages in der Mittagspause verbotenerweise ein Treppengeländer herunter, als ich gerade dazukam. Ich stand am Ende des Geländers und fing ihn spontan in meinen Armen auf. Wir lachten darüber, und das war es. Diese Sache hatte nun Lagerführer Tölle beobachtet und außer sich vor Wut gleich einen Bericht geschrieben: Ich hätte ihn nicht nur nicht bestraft, wie es Vorschrift gewesen wäre, sondern auch noch Zärtlichkeiten mit ihm ausgetauscht und so weiter...

Am 23. November 1938, drei Tage nach meinem 25. Geburtstag, wurde ich hochoffiziell von SS-Leuten im Lager abgeholt. Der Haftbefehl lautete: Verdacht auf widernatürliche Unzucht mit Jugendlichen nach Paragraph 175.

Noch im Auto teilte mir ein SS-Offizier seinen Abscheu vor meinen Taten mit. Einen Moment später bot er mir mit großer Geste seine Waffe an, um mir die ‹Chance eines mannhaften Todes› zu geben. Ich war zwar geschockt von der Verhaftung und hatte natürlich auch Angst vor dem, was jetzt kommen würde, aber brachte es doch fertig zu sagen: ‹Vielen Dank – aber ich möchte erst mal noch abwarten!›»

Nach gut einem halben Jahr in Untersuchungshaft wird Jakob K. am 9. Juni 1939 vor dem Landgericht Saarbrücken für schuldig nach Paragraph 175 gesprochen und zu einer mehrjährigen Haftstrafe verurteilt. Von Juni bis Dezember 1939 wird er im Zuchthaus Butzbach eingesperrt, von Januar 1940 bis Mai 1942 im Zuchthaus Wehlheiden bei Kassel.

«In Wehlheiden habe ich im Steinbruch arbeiten müssen – von morgens um sieben bis zum Spätnachmittag, da mußten wir große Steinblöcke zerschlagen. Bei jedem Wetter und ohne ausreichende Nahrung natürlich. Und trotzdem ging es mir hier noch besser als zum Beispiel den Häftlingen im Emsland, die dort im Moor schuften mußten. Da sind viele bei der Arbeit umgekommen oder verloren Hände oder Beine bei der schweren Arbeit mit den Loren. Im Emsland, so wurde erzählt, waren auch viele homosexuelle Häftlinge.

In Wehlheiden habe ich nie jemanden getroffen. Dafür haben mich manchmal heterosexuelle Häftlinge auf sexuelle Dienste hin angesprochen, weil sie wußten, warum ich inhaftiert war. Aber darüber war ich nicht glücklich. Mein einziger richtiger Freund in dieser Zeit war ein inhaftierter Arzt, ein Herr Dr. Brandes, der wegen Vergehen nach Paragraph 218 einsaß. Der hatte Frauen in Not geholfen. Mit ihm konnte ich auch über kulturelle Dinge sprechen.

Einmal erhielt unser Zuchthaus hohen Besuch. Der damalige Staatssekretär im Justizministerium und spätere Präsident des berüchtigten Volksgerichtshofes in Berlin, Roland Freisler, kam ‹auf Visite›. Wir Häftlinge standen stramm, und er kam auf einige zu. Als er vor mir stand, fragte er mit schnarrender Stimme: ‹Welches Faktum haben Sie?›

Ich antwortete: ‹Paragraph 175.›

Daraufhin Freisler: ‹Ein Mann wie Sie gehört an die Front, nicht hierher.› Das konnte man nun sehen, wie man wollte. Von den Angehörigen meiner Generation, die zum Fronteinsatz kamen, ist praktisch niemand zurückgekehrt. Die sind alle verheizt worden...»

Im Mai 1942 wird Jakob K. überraschend vorzeitig aus dem Zuchthaus mit drei Auflagen entlassen: Er muß sich regelmäßig bei seinem zuständigen Polizeirevier melden, er muß sofort eine Arbeit in der Rüstungsindustrie antreten – und er soll baldmöglichst heiraten!

Jakob K. vermutet, daß er diese Vergünstigung seinem jüngeren Bruder zu verdanken hat, der damals als Polizeioffizier in Dortmund tätig war und entsprechende Verbindungen hatte: «Wir haben allerdings niemals darüber gesprochen. Mein Bruder lehnte das Thema prinzipiell ab. Er sagte nur: ‹Wir erwarten von dir, daß du jetzt weißt, wie du dich zu benehmen hast! Du hast genug Unglück und Schande über unsere Familie gebracht!›

Bis heute ist er ein ganz anderer Mensch als ich, ein militaristisch denkender Mensch. So gesehen bin ich froh, daß ich nie eine Waffe in die Hand nehmen mußte.»

Die Arbeit in der Rüstungsindustrie tritt Jakob K. bis Kriegsende bei der Stahlbau-Firma Eggers in Hamburg an, die für die Marine tätig ist. Da er bald ein gutes Verhältnis zu den zahlreich in der Firma beschäftigten Fremdarbeitern hat, wird er auch vom Betriebsleiter, der Parteigenosse ist, geschätzt. Dieser macht ihn zu seinem Assistenten und schützt ihn vor einer Abordnung in einen anderen Betrieb oder an die Front. Jakob K. nutzt seine Kenntnisse aus der Firmenleitung, um die Fremdarbeiter vor Kontrollen zu warnen.

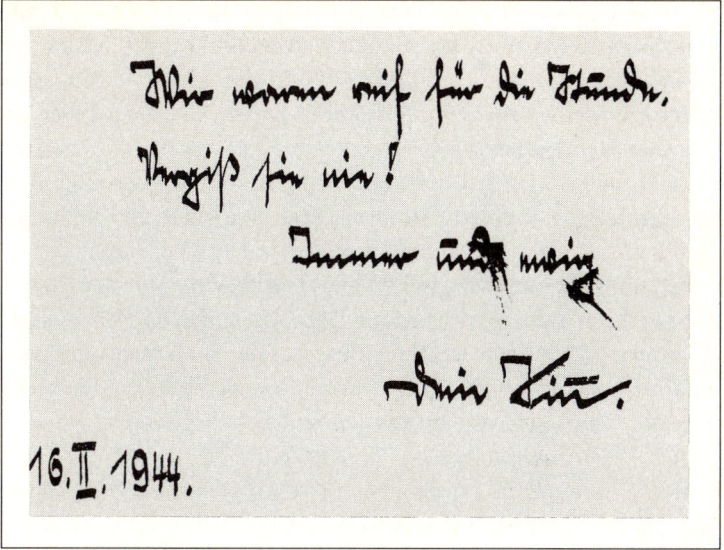

**Diesen Zettel steckte Heiner seinem Freund Jakob
am 16. Februar 1944 auf dem Bahnhof in Hamburg zu:
«Wir waren reif für die Stunde. Vergiß sie nie!
Immer und ewig Dein Siu»
Jakob K. hat ihn bis heute aufbewahrt.**

Noch 1942 antwortet er auf eine einschlägige Kontaktanzeige in
«Auerbachs Kinderkalender»: «Suche eine Brieffreundschaft mit
einem intelligenten Mann in meinem Alter, bin 20 Jahre alt und habe
Interesse an Literatur und Wanderung...»

«So habe ich Heiner kennengelernt, Heiner Herold, das heißt, wir
haben uns eigentlich über zwei Jahre immer nur Briefe geschrieben,
ganz ehrliche und offene Briefe. Das war sehr schön und hat mir
mächtig geholfen. Denn 1943 habe ich auf ständiges Drängen meines
Bruders schließlich doch geheiratet. Er sagte zu mir: ‹Ich warne dich
– wenn du mir meine Karriere kaputtmachst, dann lasse ich dich
fallen!› Nun geschah jedoch etwas Wunderbares: Mit meiner Frau

75

Erna, die damals gerade 19 Jahre geworden war, entstand eine tiefe und ehrliche Partnerschaft. Wir haben sogar zwei Kinder bekommen – zwei Mädchen: 1944 die Rita und 1954 die Sabine. Leider starb meine Frau schon sehr früh, 1961, mit 36 Jahren, ab dann habe ich die Mädchen allein großgezogen.

Zum Heiner muß ich noch erzählen, wie wir uns das erste Mal gesehen haben – das erste Mal nach über eineinhalb Jahren Briefeschreiben! Am 16. Februar 1944 war das – auf dem Gleis 10 im Hamburger Hauptbahnhof. Es war so bewegend. Er war auf der Durchreise und nur wegen mir ausgestiegen. Von zugesandten Fotos her erkannten wir uns sofort. Ohne Rücksicht auf die Umherstehenden umarmten wir uns minutenlang innigst. Dann mußte er weiterfahren. Wir haben uns dann nur noch dreimal treffen können. Im September 1944 ist er gefallen, mit 22 Jahren…»

Nach dem Tod seiner Frau widmet sich Jakob K. zunächst vor allem der Erziehung seiner Töchter und seinem Beruf als Kaufmann bei einer großen Hamburger Versicherung. Als die Töchter älter sind, spricht Jakob K. ehrlich mit ihnen über sein Leben und seine Empfindungen als homosexueller Mann. Beide Töchter lieben und akzeptieren ihn.

Ab 1968 engagiert er sich für einige Jahre in Hamburg bei der schwulen Bürgerrechtsorganisation IHWO (Internationale homophile Weltorganisation, später: Verband für sexuelle Gleichberechtigung), die nach dänischem Vorbild gegründet wurde. Der Verband hat etwa 700 Mitglieder. Zu den Wochenendtreffen im verbandseigenen Lokal Roßberg in Hamburg-Wandsbek kommen in der Regel 200 bis 300 Männer. Jakob K. arbeitet selbst im Vorstand mit. Hier lernt er Kurt Hiller und andere Streiter für homosexuelle Gleichberechtigung aus der Weimarer Republik kennen. Ab und zu begleitet ihn seine jüngere Tochter Sabine zu IHWO-Treffen: «Die kannten alle meine Sabine und riefen schon immer freudig: ‹Hallo, Sabine!›, wenn wir kamen.»

Als die IHWO 1972 auseinanderbricht, zieht sich Jakob K. aus der aktiven Emanzipationsarbeit zurück. Nach seiner Pensionierung

1975 widmet er sich verstärkt seinen kulturellen, vor allem kunsthistorischen Interessen: «Es begann für mich noch einmal eine richtige Phase der Gelehrsamkeit – ich reiste nach Mailand und Florenz, machte ausgiebige Wanderungen und Studien in Norddeutschland und eignete mir so Wissen über die Region an. Dann wurde ich immer öfter von Volkshochschulen oder Gemeinden eingeladen, um über meine Forschungen zu berichten. So wurde auch die Gemeinde L. auf mich aufmerksam und fragte mich 1981, ob ich nicht die Nachfolge des früheren Museumsleiters übernehmen könnte. Da habe ich gern zugesagt.

Es ist zwar hier in der Kleinstadt vieles sehr spießig, gerade bei Vertretern meiner Generation. Mit denen könnte ich nie über meine Empfindungen reden. Deshalb möchte ich auch hier nicht meinen vollen Namen angeben. Aber einerseits bin ich selbst eher ein Naturmensch als ein Stadtmensch. Und andererseits bin ich immer noch rüstig genug, um in die Stadt zu fahren und dort schöne Dinge zu erleben. Da meine jüngere Tochter Sabine auch in der Stadt lebt, kann ich immer dort übernachten, wenn es mal zu spät wird. So bin ich ganz überwiegend zufrieden, daß ich heute, alles in allem, auf ein erfülltes Leben blicken kann – trotzdem...»

Und wie denkt er heute über andere Homosexuelle?

«Manchmal denke ich: Viele Homosexuelle reden immer von Freundschaft – aber es sind nicht allzu viele wirklich fähig dazu. Im Gegensatz zu früher erlebe ich es so, daß heute mehr die Äußerlichkeiten zählen. Das ist doch schade. Denn kommt es nicht vor allem auf die Spontaneität des Gefühls an?»

«Einfach gefühlsmäßig dagegen...»

Karl Lange, Jg. 1915, Hamburg

«Einmal bin ich schon gestorben!», beginnt Karl Lange seinen Bericht. «1944 war das, im Herbst. Da hatte ich im Zuchthaus Waldheim in Sachsen einen Blutsturz, verlor das Bewußtsein und wachte erst wieder in der Leichenhalle auf...» Und mit einem verschmitzten Grinsen fährt er fort: «Was meinen Sie, wie der Arzt sich erschrocken hat!»

Geboren wird Karl Lange 1915 in Hamburg als einziges Kind eines Amerikaners und einer Hamburgerin. Sein Vater, der Arzt Dr. Robert Taylor, verläßt mit seiner Frau kurz nach der Geburt Deutschland, das sich bereits im 2. Kriegsjahr befindet. Obwohl er als Chirurg geachtet ist, befürchtet er Schwierigkeiten als Ausländer im nationalen Siegestaumel zu Beginn des Ersten Weltkriegs.

«Leider habe ich von Los Angeles, wo Vater sich niederließ, nicht viel mitbekommen. Denn meine Eltern ließen sich scheiden, und ich kehrte mit Mutter allein 1919 nach Hamburg zurück. Sie nahm dann auch ihren Mädchennamen wieder an, den ich ebenfalls verpaßt bekam. Trotzdem blieben meine Eltern in freundschaftlichem Verhältnis. Vater hat uns nach dem Kriege noch ein paarmal besucht und auch finanziell mehrere Jahre unterstützt. Der Dollar war hoch im Kurs, es war doch Inflation. Wenn er dann in Hamburg oder Bremerhaven per Schiff ankam, war ich immer sehr stolz!»

Karl besucht acht Jahre lang eine Volksschule in Hamburg-Barmbek. Mit 14 Jahren verläßt er die Schule und beginnt eine Lehre als Verkäufer. «O Gott, das war so sterbenslangweilig. Nach anderthalb Jahren habe ich das hingeschmissen. So monoton sollte nicht mein ganzes Leben verlaufen.»

Er sucht Kontakte zu Gleichaltrigen und registriert aufmerksam die politischen Krawalle am Ende der Weimarer Republik. Dabei sammelt er höchst unterschiedliche Eindrücke: «Zuerst war ich bei einer deutschnationalen Jugendgruppe, die immer so in Vaterland machten. Dann bekam ich die Idee, katholischer Priester zu werden, ging einige Zeit sogar täglich in die Kirche und hinterher noch in so eine Vorschule für das Kloster. Aber was man da alles glauben sollte und mit welch brutalen Methoden dieser Glauben aufgezwungen wurde: Das hielt ich schließlich doch für eine ziemliche Menschenverdummung und bin da auch wieder ausgetreten.

Ich las und hörte dann auch von Marx und Lenin und glaube bis heute, daß die es im Kern gut gemeint haben mit den Arbeitern. Aber ich hielt die Kommunisten in der Wirklichkeit dann doch für zu diktatorisch. Gegen jede Art von Diktatur war ich schon immer einfach gefühlsmäßig dagegen! So war ich auch nie wirklich anfällig für die Nazis...»

Seine ersten sexuellen Erfahrungen sammelt Karl bereits als Vierzehnjähriger mit Mädchen aus der Nachbarschaft. Seine Mutter hat inzwischen die Bekanntschaft eines anderen Mannes gemacht, bei dem sie sich öfter aufhält, so daß Karl häufig allein in der Wohnung ist. Abends zieht er mit Gleichaltrigen «aus Abenteuerlust» manchmal bis nach St. Pauli, dem Vergnügungsviertel am Hafen. 1932 lernt er im Lokal Drei Sterne in der Straße In den Hütten einen Trainer des St.-Pauli-Fußballvereins kennen. «Ich war da so sechzehn und der schon bestimmt Mitte Dreißig, ein kräftiger, gutaussehender Mann, der toll über Fußball reden konnte und der mich gar nicht zu verführen brauchte. Ich nahm ihn mit zu mir in meine sturmfreie Bude, und von da an haben wir uns ab und zu gesehen. Es ist keine Liebe geworden, aber ich wußte von nun an, wohin meine Gefühle wirklich gingen...»

Bis 1933 hat Karl seit dem Abbruch der Lehre nur verschiedene Jobs gehabt. Jetzt erhält er als Page im bekannten Restaurant Halali in der Nähe des Jungfernstiegs eine feste Anstellung. Das vornehme Restaurant, nicht weit vom Hamburger Rathaus gelegen, wird zunehmend zum Treffpunkt hiesiger Nazigrößen. Karl erhält kein festes Gehalt, jedoch umsonst Essen und großzügige Trinkgelder. Seltener geht er auch mal mit dem einen oder anderen Herrn auf die Toilette. «Das war alles noch vor dem sogenannten Röhm-Putsch vom Sommer 1934 – da war Homosexualität vor allem in bestimmten Kreisen der SA kaum tabuisiert», erinnert sich Karl.

Außerhalb der Arbeit lernt er einen anderen homosexuellen Mann kennen, dessen Bekanntschaft für ihn einige Konsequenzen zeitigen wird: «Das war eigentlich ein Standartenführer der SA, aber im Innern oppositionell gegen Hitler eingestellt. Wir hatten nichts miteinander, sexuell, meine ich, aber er war irgendwie in Ordnung, und einmal fragte er mich, ob ich bereit sei, Flugblätter gegen Hitler zu verteilen. Erst war ich natürlich erschrocken, aber dann habe ich mitgeholfen.»

Die illegale Tätigkeit geht einige Wochen gut. Im Frühjahr 1934 begeht Karl jedoch eine grobe Unvorsichtigkeit: «Ich war bei der Arbeit im Restaurant, aber es gab gerade nichts zu tun. So saß ich in der Halle in einer Ecke und schmökerte in einem der Flugblätter, die ich von dem SA-Mann erhalten hatte. Unbemerkt hatte sich der Restaurantbesitzer, Herr W., herangeschlichen und riß mir plötzlich das Blatt aus der Hand: ‹Wo hast du das her?› schrie er mich an. Dann versetzte er mir eine kräftige Ohrfeige, meinte: ‹Damit ist der Fall erledigt!› und zog mit dem Zettel ab in sein Büro.

Ich überlegte fieberhaft, was ich tun sollte. Weglaufen? Oder würde er vielleicht doch die Sache damit auf sich beruhen lassen? Wenig später sah ich durch die Fensterscheiben seines Büros, wie er telefonierte. Höchstens fünfzehn Minuten später erschienen drei Gestapo-Beamte bei uns. Herr W. führte sie direkt zu mir. Einer von denen meinte: ‹So, dann wollen wir mal Freundschaft schließen!› Damit nahmen sie mich in ihre Mitte.

Zuerst ließ ich alles mit mir geschehen. Wir gingen zu Fuß in Richtung Gestapo-Zentrale an der Stadthausbrücke, die ja nicht weit entfernt war. An der Ecke Große Bleichen / Gerhofstraße überkam es mich plötzlich, und mit aller Kraft riß ich mich los und lief in Richtung Gänsemarkt. Erst schrien sie: ‹Stehenbleiben!›, dann schossen sie auch hinter mir her. Am Gänsemarkt lief ich jedoch einer Polizeistreife genau in die Arme, die dachten natürlich, ich bin ein Verbrecher. Als die Gestapo-Beamten mich eingeholt hatten, wollten sie sofort auf mich einschlagen. Da gingen aber zu meinem Erstaunen die Polizisten dazwischen und meinten zu ihren Kollegen: ‹Hier auf der Straße haben wir für Ordnung zu sorgen. Nehmt ihn mit, aber keine Prügelei hier!›»

In der Gestapo-Zentrale wird der achtzehnjährige Karl zunächst vernommen. «Wo hast du die Flugblätter her?», wird er wieder und wieder gefragt. Schlagfertig antwortet er: «Die habe ich auf einem Ascheimer gefunden! Ich kann Ihnen genau zeigen, wo das war!» Der vernehmende Beamte läßt sich jedoch nicht darauf ein, sondern liefert den jungen Mann zwei Schlägern aus. Mit Knüppeln wird er mehrmals zu Boden geschlagen, wieder aufgerichtet und erneut zusammengeprügelt.

Nach Stunden wird er blutverschmiert wieder zur Vernehmung vorgeführt. Erneut wird gefragt: «Wo warst du politisch aktiv?» Karl erinnert sich an die unverdächtige Jugendgruppe, der er einmal angehört hat, und sagt schließlich: «Ich war länger bei den Deutschnationalen.» – «Bei welcher Gruppe warst du?», wird nachgefaßt. Wahrheitsgemäß antwortet Karl: «Bei der Gruppe Heyl!» Bei der Nennung des Namens Heyl stutzt der Beamte, greift dann zum Telefon und sagt zu Karl: «Gnade dir Gott, wenn das nicht stimmt. Heyl ist ein guter Bekannter von mir!»

Zu Karls großem Glück erinnert sich der ehemalige Jugendführer an ihn und bestätigt, daß der Junge schon vor 1933 für Vaterland und Deutschtum engagiert war. Unmittelbar danach wird Karl mit der Warnung entlassen, zu niemandem von seinen Erlebnissen bei der Gestapo zu berichten. Nachdem er sich daheim von seinem Blut gereinigt hat, vernichtet er als erstes alle Flugblätter, die sich noch in seinem Besitz befinden. «Das war mein Schwein, daß die keine Hausdurchsuchung gemacht haben. Das wäre mein Ende gewesen...»

Die Stelle im «Halali»-Restaurant ist trotzdem verloren. In den folgenden Monaten schlägt er sich mit verschiedenen Jobs durch. 1935 freundet sich der inzwischen Zwanzigjährige mit einem fünfzehnjährigen Nachbarjungen an. Irgend jemand verrät die heimlichen Treffen der beiden. Wenige Tage später wird Karl in seiner Wohnung von der Kriminalpolizei abgeholt und bald darauf zu 15 Monaten Gefängnis wegen Vergehen nach § 175 verurteilt. Über die Haft verliert er nur wenige Worte.

Nach seiner Entlassung, 1936, sucht er trotzdem weiter die Bekanntschaft zu anderen Jungen und Männern. «Die Schwulen waren doch nicht einfach weg, nur weil die Nazis das so wollten. Natürlich hatten viele Angst. Es war unmöglich, irgend etwas offen zu machen. Aber es gab doch so Stellen in der Stadt, wo man wußte, da ist was möglich. Ich ging zum Beispiel manchmal in der Hamburger Straße spazieren, da gab es dann so Blickkontakte. Es war sicher schwer, so etwas wie eine Beziehung aufzubauen. Aber so flüchtige Kontakte, das gab es, und da hatte ich doch auch manche schöne Begegnung.»

Anfang 1937 wird Karl aufgrund einer Denunziation erneut wegen § 175 festgenommen. Zu seinem Erstaunen wird sein Prozeß immer wieder verschoben: «Ich saß insgesamt 18 Monate in Untersuchungshaft. Ich kann es mir nicht anders erklären: Da muß mir jemand geholfen haben. Denn U-Haft war natürlich viel besser als alles andere – bessere Verpflegung, Selbst-Einkauf, sogar Zeitungen. Erst im August 1938 war ich dann dran...»

Er wird einem Richter vorgeführt, «der geschrien hat wie Roland Freisler vorm Volksgerichtshof. Er brüllte mir ins Gesicht: ‹Dieses Objekt soll das Arbeiten kennenlernen! Der ist noch fürs KZ viel zu schade!›»

Karl Lange wird zu drei Jahren «Sicherheitsverwahrung» verurteilt. Sicherheitsverwahrung bedeutet in der Regel Inhaftierung auf unbestimmte Zeit. Für Karl sollen es beinahe sieben Jahre werden. Ein Mitgefangener tröstet ihn: «Mensch, Charly, das ist doch nicht das Schlechteste. Hier unterstehst du der Justiz und nicht der SS, da gibt's immerhin noch so was wie normalen Knastalltag...»

Seine zweite Haftzeit schildert Karl als «erträglich». Er arbeitet im Zuchthaus Fuhlsbüttel in der Bäckerei. Die schweren Luftangriffe im Sommer 1943 sind die intensivsten Erfahrungen jener Zeit, die er bis heute vor Augen hat: «Da stand ich in meiner Einzelzelle am Gitterfenster und starrte auf den feuerroten Himmel über Hamburg. Der

Lärm dröhnte bis in meine kleine Zelle, und ich stand da, und mir passierte nichts. Keine einzige Bombe fiel auf die Strafanstalt...»

Nach den Luftangriffen werden fünfzig Prozent der Gefangenen von Fuhlsbüttel in das KZ Neuengamme außerhalb der Stadt gebracht. Karl gehört nicht dazu. Aus ihm nicht einsichtigen Gründen wird er auf Lastwagen mit wenigen anderen Gefangenen zuerst nach Rendsburg in Schleswig-Holstein gefahren und dann über erneute Zwischenstation in Hamburg per Bahn ins Zuchthaus Waldheim nach Sachsen. Hier arbeitet er wie die meisten in der Rüstungsindustrie.

«Da habe ich mich so blöd wie nur möglich angestellt: Erst sollte ich Maschinengewehre montieren – bei mir wurden das eher Eiffeltürme. Dann sollte ich Munitionstaschen nähen – was konnte ich dafür, daß mir immer wieder die Nadel abgebrochen ist...» Über die Leiden, das Hungern, die Einsamkeit jener Jahre verliert Karl Lange kein Wort. Einen rosa Winkel oder eine andere Markierung für homosexuelle Häftlinge hat er nach eigenen Angaben nie tragen müssen.

Im Herbst 1944 dann der eingangs geschilderte Zusammenbruch. Während er noch im Lazarett liegt, werden andere Gefangene «zur Bewährung» an die immer näher rückende Front kommandiert. «Ich war erst niedergeschmettert, daß ich nicht mit raus durfte. Heute weiß ich, daß das mein Glück war. Die meisten Kameraden sind doch in den letzten Wochen noch verheizt worden. Da ist kaum jemand lebend wiedergekommen...»

Dann endlich – am 3. Mai 1945 – die Befreiung: «Russen und Amerikaner waren fast gleichzeitig bei uns. Die Amerikaner wollten unser Lager erst noch geschlossen halten, um zu überprüfen, wer hier aus welchen Gründen einsaß. Die Russen haben sich dann zum Glück durchgesetzt und uns alle, ohne Ausnahme, befreit. Jeder erhielt einen Ausweis als ehemaliger politischer Gefangener und konnte gehen, wohin er wollte. Das war eine ganz nahegehende Stimmung damals. Ich erinnere noch, wie ein Freund des ermordeten Hamburger Kommunistenführers Ernst Thälmann in Waldheim zum Abschied gesprochen hat und wie uns die Russen, die ja selbst kaum was hatten, zu essen gegeben haben...»

Karl Lange, inzwischen 29 Jahre alt, schafft seinen Weg aus dem

Zuchthaus genau acht Kilometer. Dann bricht er völlig entkräftet in einem Dorf zusammen. Ein älteres Ehepaar nimmt ihn auf und pflegt ihn mehrere Wochen. Zu den Söhnen der Familie, die heute selbst Väter erwachsener Kinder sind, hat er bis heute freundschaftlichen Kontakt. Zum Abschied baut ihm der Vater sogar noch einen kleinen Rollwagen für die wenigen Habseligkeiten.

Von diesem Dorf aus geht Karl nicht direkt nach Hamburg: «Ich war wie besessen von einer Idee: Ich wollte einmal in meinem Leben zu Hitlers Wohnsitz in Berchtesgaden – auf den Obersalzberg. Das habe ich dann gemacht. Es war nur ein unbestimmtes, intensives Gefühl, das mich trieb. Als ich dort ankam, durfte ich mit meinem Ausweis tatsächlich bis in die ehemaligen Privaträume Hitlers. Die Möbel standen noch da, sonst war aber natürlich schon alles leergeräumt. Ich weiß noch, wie ich da in Hitlers früherem Wohnzimmer am Fenster stand und dachte: Über dich Schuft habe ich gesiegt!»

Wenig später lernt Karl einen neunzehnjährigen heimatlosen Jungen kennen, mit dem er gemeinsam zurück nach Hamburg wandert. Einer Arbeit kann er zunächst nicht nachgehen, da eine schwere Lungentuberkulose zuerst ausheilen muß. Mehrfach wird er zur Kur in den Harz geschickt.

Mitte 1946 beginnt er eine Tätigkeit als Geldbote bei der Norddeutschen Bank, die später in der Deutschen Bank aufgeht. Nach über 1½ Jahren bittet ihn der Personalchef darum, ein polizeiliches Führungszeugnis zur Vervollständigung der Unterlagen nachzureichen. Karl bettelt bei mehreren Behörden und schließlich sogar im Rathaus darum, ihm ein Zeugnis ohne Eintrag zu geben, da er sonst seine Stelle riskieren würde. Sein Antrag wird abgelehnt – die Vorstrafe nach § 175 kenntlich gemacht. Als Karl sein Zeugnis beim Personalchef abgibt, eröffnet ihm dieser kurz darauf empört: «Sie haben in zehn Minuten das Haus zu verlassen!»

Mehrere Jahre wechseln Arbeitslosigkeit mit kurzfristigen, schlechtbezahlten Jobs, immer wieder wird er bei Vorstellungen gefragt: «Warum haben Sie denn eine so gute Arbeit bei der Bank verloren?» In den fünfziger Jahren kommt hinzu, daß auf Initiative des jungen Hamburger SPD-Innensenators Helmut Schmidt, des späte-

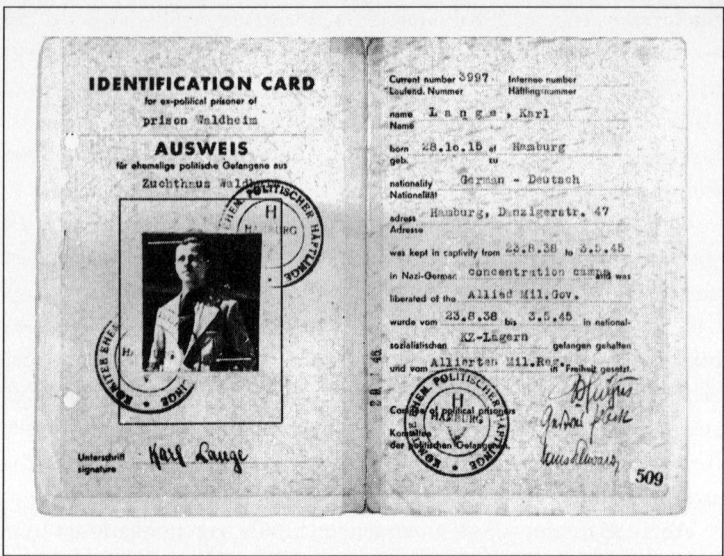

**Ausweis des ehemaligen NS-Gefangenen Karl Lange (29)
zur Entlassung aus dem Zuchthaus Waldheim / Sachsen
am 3. Mai 1945.**

ren Bundeskanzlers, Homosexuelle systematisch bespitzelt werden und homosexuelle Treffpunkte zahlreiche Auflagen erhalten.

Erst Anfang der sechziger Jahre macht Karl eine überraschend positive Erfahrung: Bei der Vorstellung in einer Hamburger Weinspedition platzt ihm bei den erneuten Nachfragen des Chefs der Kragen, und in seiner Verzweiflung schreit er: «Jawohl – ich habe im Knast gesessen, weil ich schwul bin!» Als er schon das Büro verlassen will, geht der Chef, ein Familienvater mit zwei Kindern, auf ihn zu und sagt ruhig: «Herr Lange, Sie sind eingestellt!» Karl bleibt einige Jahre dort und wird noch mehrfach von seinem Chef in Schutz genommen.

Von 1967 bis zu seiner Pensionierung 1980 arbeitet Karl in der Registratur einer großen Versicherung. «Auch dort wußten die Leitenden von meiner Veranlagung, aber ich war doch wegen meiner Zuverlässigkeit bei allen geschätzt. Nach meiner Pensionierung habe ich noch beinahe zwei Jahre immer mal wieder ausgeholfen, wenn Not am Mann war.»

Heute lebt Karl Lange mit seinem Kater von einer bescheidenen Rente in einer kleinen Zwei-Zimmer-Wohnung. Einen Mietzuschuß des Sozialamtes, der ihm zusteht, hat er ebenso abgelehnt wie einen Antrag auf Entschädigung beim Hamburger Fonds für die vergessenen Opfer des NS-Regimes. «Von diesem Staat nehme ich kein Geld!» sagt Karl Lange stolz und störrisch gleichermaßen. Noch geht es ihm gesundheitlich gut, seine beinahe 77 Jahre sieht ihm niemand an. Er lacht gern und häufig, erzählt Witze am laufenden Band, wenn ihm danach zumute ist.

Unter dieser Schutzdecke der Fröhlichkeit brechen immer wieder schmerzliche Erfahrungen durch. Zum Beispiel, als er sich erinnert, wie er in den fünfziger Jahren eine Vorladung zur Kripo erhielt und zuerst erschrak, weil er fürchtete, es ginge schon wieder um den § 175. Dann wurde ihm aber auf der Polizeidienststelle eröffnet, daß er als Zeuge geladen war, um über seinen früheren Chef Wilhelm W. vom «Halali»-Restaurant auszusagen. Die Eltern eines anderen jungen Mannes, der aufgrund einer Denunziation durch Wilhelm W. von den Nazis erschossen worden war, hatten jetzt einen Prozeß gegen ihn angestrengt.

Zunächst hatte Karl Lange vor, jede Aussage zu verweigern. Er wollte mit all dem nichts mehr zu tun haben. Dann setzt ihn der Beamte jedoch unter Druck und sagt, daß auch bekannt sei, warum er selbst einmal zu «Sicherheitsverwahrung» verurteilt worden sei. Karl Lange willigt schließlich zu der Gegenüberstellung vor Ort ein. Noch einmal besucht er in der Gegenwart der Kriminalbeamten das inzwischen neu eröffnete «Halali»-Restaurant. Wilhelm W. streitet ab, Karl Lange je gesehen zu haben. Zufällig kommt in diesem Moment eine ältere Köchin über den Flur, die ihn sofort erkennt und sich nach seinem Befinden erkundigt. Oft hatte sie dem früheren Pagenjungen noch zusätzliches Essen zugesteckt. Daraufhin hat dann Karl Lange doch eine Aussage getätigt über das, was ihm 1934 mit Wilhelm W. widerfahren war. «Herausgekommen ist dann jedoch trotzdem nichts bei der ganzen Sache», sagt er ernst. «Alles verlief im Sande. Ich habe nie mehr etwas gehört.»

Aufgehoben hat sich Karl Lange jedoch einen Zeitungsausschnitt aus einer Hamburger Tageszeitung vom 10. August 1961: Unter einem Foto von Wilhelm W. ist vermerkt, daß der «Hamburger Gastronom und ehemalige Besitzer des bekannten ‹Halali›-Restaurants nach seinem Tode sein gesamtes Vermögen einer wohltätigen Stiftung hinterlassen hat.» Karl Lange kommentiert nicht ohne Sarkasmus: «Wenn mir die Kraft noch reicht, schreibe ich einmal meine Biographie – Titel: Ein Leben lang im Irrenhaus.»

«Für meinen jungen Freund
alles riskiert...»

Joachim S., Jg. 1915, Haifa / Berlin

Als NS-Propagandaminister Joseph Goebbels die Reichshauptstadt Berlin bereits für «judenfrei» erklärt hatte, hielten sich entgegen der offiziellen Deklamation von den rund 160 000 Berliner Juden von vor 1933 weiter einige hundert illegal Lebende in der Stadt auf – ohne «Judenstern» selbstverständlich, mit gefälschten Papieren und geheimen Schlafunterkünften. Ihre genaue Zahl ist bis heute unbekannt.

Einer dieser «Illegalen» war ab Sommer 1942 der jüdische homosexuelle Lehrer Joachim S., dem eine nichtjüdische Freundin eine Arbeitsbescheinigung für eine «kriegswichtige Tätigkeit» in einer chemischen Fabrik in Berlin-Johannistal verschafft hatte. Mit der Identität dieses «Ernst H.», einem neuen Haarschnitt und einem für die Bescheinigung gefertigten Foto mit Schnurrbart, lebte Joachim S., bis ihm Anfang 1944 die Flucht in die Schweiz gelang – in der Uniform eines deutschen Offiziers der Luftwaffe.

So bewegend viele Details dieses illegalen Lebens und der späteren Flucht fraglos gewesen sind, für Joachim S. zählen bis heute vor allem zwei Erfahrungen: die der tiefen Religiosität, des unbegrenzten Gottvertrauens, das bei ihm in dieser Zeit trotz aller Schrecken noch gewachsen ist – und die Erfahrung der Freundschaft und Liebe zu einem Teil seiner ehemaligen Schülerinnen und Schüler, die mit ihm in die Illegalität gegangen waren.

«Niemand ist von mir oder anderen Erwachsenen dazu aufgefordert worden», erinnert sich Joachim S. «Im Gegenteil gibt es gerade im Judentum eine besondere Tradition, die von Kindern und Eltern unabdingbar verlangt, einander in der Not nie zu verlassen. Aber zuweilen sind ja Kinder und Eltern von den Nazis systematisch bei den Deportationen auseinandergerissen worden. Es kam jedoch auch vor, daß manchen Jugendlichen noch unmittelbar vor der Abholung aus der elterlichen Wohnung die Flucht gelang. Wo sollten diese Kinder und Jugendlichen nun hin?

Ja, es waren tatsächlich auch Kinder dabei. Das jüngste Mitglied unserer Gruppe war einige Monate lang die neunjährige Lotte Bernstein. Ihr vierzehnjähriger Bruder Abraham, der einmal in meiner Klasse als Schüler gewesen war, hatte sie einfach zu einem geheimen Treffen mitgebracht, nachdem die Eltern abgeholt worden waren.

Sie konnte bei meiner besten Freundin untergebracht werden, die als Nichtjüdin bis zu ihrer Festnahme im Juni 1943 legal leben konnte. Den Nachbarn wurde erzählt, daß die Eltern von Lotte bei einem Luftangriff verschüttet worden wären und sich nun niemand des Kindes angenommen hätte...»

Joachim S. ist durch seine Herkunft keineswegs prädestiniert für ein Leben in der Illegalität. Sein Vater Wilhelm S., von Beruf Kaufmann, hatte mit Begeisterung im Ersten Weltkrieg an beiden Fronten für «Kaiser und Reich» gekämpft. Er vergaß Kaiser Wilhelm II. zeitlebens nicht, daß dieser 1913 der neuen großen Berliner Synagoge in der Fasanenstraße gleich nach der Einweihung einen persönlichen Besuch abgestattet hatte. Zwei Jahre später, im Mai 1915, wird Joachim in Berlin geboren.

So wie sich der Vater bis 1918 dem Kaiser «in Treue verbunden» gefühlt hatte, so vertraute er während der Weimarer Republik auf den «deutschen Rechtsstaat». Es wurde wechselnd SPD, manchmal auch die Deutsche Demokratische Partei gewählt. Nach dem Januar 1933 hoffen die Eltern, daß «der Spuk» bald vorübergehen werde. Als der Vater im Juli 1942 die Aufforderung «zum Arbeitseinsatz im Osten» erhält, folgt er dem Deportationsbefehl.

«Er schaffte sich eigens dafür noch einen neuen Spaten an. In seinem Weltbild war kein Raum für die Vorstellung, daß das Vaterland, für das er sein Leben eingesetzt hatte, ihm nun dieses Leben nehmen wollte. Es gelang mir nicht, Vater davon abzubringen. Er ist einige Zeit darauf in Auschwitz ermordet worden...»

Joachim hat demgegenüber bereits als Schüler einer Volksschule in

Berlin-Charlottenburg von 1921 bis 1925 erste antisemitische Erfahrungen sammeln müssen. Schimpfwörter wie «Jude Itzig» werden hinter ihm hergerufen, manchmal fliegen auch Steine. Mit elf Jahren kommt er auf das Schiller-Realgymnasium, das er als einziger jüdischer Schüler seiner Klasse bis zum Juni 1933 besuchen wird. Unterstützung erfährt er bis Anfang 1932 von seinem Lateinlehrer Dr. Meyer, der sich einmal sogar für ihn wegen einer Beihilfe der Stadt für begabte, aber finanziell minderbemittelte Schüler einsetzt. Ostern 1933 kehrte Dr. Meyer von einem einjährigen Auslandsaufenthalt zurück.

«Ich hatte mich so auf ihn gefreut, weil mir, anders als meinen Eltern, am 30. Januar klargeworden war, was jetzt kommen würde. Aber am ersten Tag in der Klasse trat er vor uns hin und sagte wörtlich: ‹Danken wir Gott, liebe Schüler, daß er uns solch einen Führer geschickt hat!› Da wußte ich, ich habe auf der Schule, selbst bei meinen bisher guten Noten und so kurz vor dem Abitur, keine Chance mehr.

Kurz darauf kam es zu einem noch schlimmeren Vorfall: Ein guter Freund von mir, Jakob E., hatte in seiner Erregung vor einem SA-Lokal eine Nazi-Fahne heruntergerissen und in den Straßendreck getreten. Er ist gefaßt worden, wurde entsetzlich zusammengeschlagen und dann verhaftet. Er endete in einem Irrenhaus, in dem ich ihn noch besuchte, bevor ich Deutschland verließ – wir waren damals gerade 18 Jahre alt. Später kam er in einem KZ um.»

In der jüdischen Jugendgruppe wird für die Sommerferien eine Fahrt nach Holland geplant. Joachim übernimmt mit einem Mädchen die Leitung. Mit dabei in der Gruppe ist auch Max, der jüngere Bruder von Jakob. Die beiden freunden sich miteinander an, sprechen oft über das Schicksal des Freundes und Bruders. Kurz darauf erreicht Joachim in Holland ein Telegramm der Mutter aus Berlin mit zwei Worten: «Nicht zurückkommen!» Nach der Verhaftung von Jakob hatte auch eine Hausdurchsuchung im Elternhaus von Joachim stattgefunden. Obwohl nichts gefunden worden war, fürchtete die Mutter eine Festnahme auch ihres Sohnes.

«Ich nahm die Warnung von Mutter sehr ernst und blieb für gut zwei Jahre in den Niederlanden. Die Gruppe reiste allein zurück nach

Berlin – außer Max. Er hatte sich entschlossen, bei mir zu bleiben. Zwischen uns entwickelte sich eine zärtliche Freundschaft, manchmal wie zwischen Brüdern, manchmal wie zwischen Geliebten. Wir halfen uns gegenseitig sehr. Max machte als Vorbereitung auf Palästina eine Lehre als Maler, ich im Gemüseanbau.»

1935 erhielt Joachim, der sich inzwischen einen hebräischen Vornamen zugelegt hatte, von der «Zionistischen Vereinigung in Deutschland» die schriftliche Nachricht, daß ein Einwanderungszertifikat nach Palästina für ihn bereitstünde, wenn er noch einmal für ein Jahr nach Deutschland zurückkehren und für die Vereinigung tätig sein würde. Max wollte keinesfalls nach Deutschland zurück. Die Trennung fiel beiden nicht leicht.

Einmal zurück in Deutschland, reihte sich Aufgabe an Aufgabe. «Besonderen Eindruck machte auf mich das Angebot, mein Abitur am jüdischen Gymnasium nachzuholen, um dann ein Lehrerstudium an der jüdischen Lehrerbildungsanstalt in Berlin absolvieren zu können.»

Mit Unterbrechungen für pädagogische Praxiserfahrungen in Köln und in der Nähe Ulms bleibt Joachim bis zum Abschluß seines Volksschullehrer-Examens, 1939, in Berlin. Im Hinblick auf das versprochene Zertifikat wird er weiter vertröstet. Aufgrund aktuellen Lehrermangels nach der zweiten jüdischen Fluchtwelle aus Deutschland infolge der Pogromnacht vom November 1938 wird er sofort als Lehrer und kurz darauf sogar als Schulleiter einer Schule der jüdischen Gemeinde für rund 160 Kinder angestellt.

«Ich war gerade 24 Jahre alt und ging völlig in meiner Arbeit auf. Wir fühlten uns einer fortschrittlichen Reformpädagogik verpflichtet, wie sie in deutschen Schulen längst verboten war. Die Schüler saßen im Kreis, wir redeten einander mit Vornamen an, und in den Oberklassen wurde bereits durchgehend Hebräisch gesprochen. Man kann sagen, ich war Lehrer mit Leib und Seele...»

Dieses Refugium pädagogischer Arbeit wurde immer wieder durch antisemitische Vorfälle von außerhalb oder die Auswanderung von Schülern und Kollegen zerrissen. Diejenigen, die blieben, rückten enger zusammen.

1942 kommt überraschend der Befehl, daß alle noch in Deutschland existierenden jüdischen Schulen bis zum 30. Juni des Jahres aufzulösen seien. Schüler und Lehrerpersonal hätten sich bis auf weiteres für die Deportation bereitzuhalten. Eine Auswanderung ist zu diesem Zeitpunkt nicht mehr möglich. Im dritten Kriegsjahr sind die Grenzen für die Juden in Deutschland endgültig geschlossen.

Joachim S. wird als Schulleiter entlassen und arbeitet ab jetzt wieder als Helfer in der jüdischen Volksküche. Jedoch nicht lange. Nach der Deportation seines Vaters und mit Hilfe der bereits erwähnten Freundin beginnt er, sich auf das Untertauchen in die Illegalität vorzubereiten.

«Nächst der Quartierbeschaffung ging die Sorge um die Verpflegung, die Beschaffung von Ausweisen und Legitimierung nach außen und um genügende Geldmittel. Ohne eine ausreichende Anzahl von Helfern, die bei all diesen riskanten Vorhaben Unterstützung gewährten, war es undenkbar, all das zu besorgen...

Der fatale Schwund zuverlässiger Verstecke trieb uns später nicht selten dazu, es darauf ankommen zu lassen, beim Klopfen an eine Tür abgewiesen zu werden. Wir hatten gelernt, auch mit Nachtlagern auf Dachböden zufrieden zu sein. Das wurde uns bei der zunehmenden Angst der Bevölkerung vor den Folgen eventueller Hilfsleistungen noch am ehesten gestattet. Denn bei der Entdeckung auf solchen, meist unverschlossenen Böden ließ sich immer behaupten, man sei ohne Wissen der Hausbewohner hinaufgeschlichen.

Glückte aber einem von uns – was nun immer häufiger geschah – bis in den späten Abend nicht, einen Schlafplatz zu entdecken, blieb nichts anderes übrig, als eine ‹Straßen-Nacht› zu planen. In Sommernächten gelang das noch relativ leicht, sogar mehreren von uns gemeinsam. Grimmig wurde die Situation bei Schneefall und eisigem Wind. Am schwersten erträglich erschienen uns immer die vier Stunden zwischen 1 Uhr und 5 Uhr morgens, die Zeit ohne alle Verkehrsmittel... Bei den wenigen Nachtlinien mußte man besonders vorsichtig wegen Kontrollen sein. Geringen Schutz boten uns illegalen Wanderern die Nachtarbeiterkolonnen, die zu ihren Schichten unterwegs waren. Man fiel weniger auf, wenn man dort mitlief.»

Es ist heute kaum vorstellbar, wie es dem inzwischen achtundzwanzigjährigen Lehrer gelingt, für einen Zeitraum von etwa eineinhalb Jahren rund vierzig Schülerinnen und Schüler zu betreuen. Beinah täglich finden Treffen in kleinen Gruppen an vorher fest verabredeten Orten statt. Bei Luftangriffen wird die Zeit jeweils mit einer Stunde nach der letzten Sirenen-Entwarnung festgelegt.

«Ein besonderes Erlebnis aus dieser Zeit geschah eines Tages 1943, als mir einer unserer älteren Jungen ausrichten ließ, daß er mich dringend sprechen müsse. Als wir uns trafen, berichtete er mir von seiner Notlage: Seine ebenfalls illegal lebende Freundin sei von ihm schwanger! Ich kannte beide gut von früher. Mit Hilfe einer älteren, christlichen Helferin, die bereit war, das Mädchen aufzunehmen, konnte einige Wochen später ein gesunder Junge geboren werden. Die Eltern leben mit ihrem erwachsenen Sohn heute in Israel.»

Doch von den rund vierzig in dieser Zeit durch die Gruppe gehenden Kindern und Jugendlichen werden etwa die Hälfte doch noch ergriffen und deportiert. Zu ihnen gehört auch Leopold C., 15 Jahre alt, der sich besonders eng an Joachim S. angeschlossen hat.

«Leopold, den wir alle Poldi nannten, war ein ganz besonderer Junge. Er war keineswegs ein ‹einfacher› Jugendlicher. In der Schule hatte ich nicht selten Probleme mit ihm gehabt. Aber ich mochte ihn doch – vielleicht nicht zuletzt wegen seiner schwierigen Art – besonders. Poldis Eltern waren schon vor Monaten deportiert worden. Er hatte es fertiggebracht, noch viele Wochen danach jede Nacht zur elterlichen Wohnung zu schleichen, das Siegel behutsam zu lösen und morgens früh, vor den anderen Hausbewohnern, die Marken wieder anzuheften und unbemerkt davonzukommen. Irgendwann wurde er aber dann doch gesehen und mied ab dann diesen Unterschlupf.

Poldi nahm zunehmend regelmäßig an unseren Zusammenkünften teil. Er suchte immer öfter meine Nähe, begann sogar in der Illegalität Ivrit, also Neu-Hebräisch, zu lernen. War es Liebe zwischen uns? Kann es Liebe in einer so unfreien Lebenssituation überhaupt geben?

Doch – ich glaube, es kann auch solche Liebe geben. Ich kann sagen, daß ich für meinen jungen Freund alles riskiert hätte...»

Joachim S. besitzt bis heute einen auf vier kleine Oktavheft-Seiten

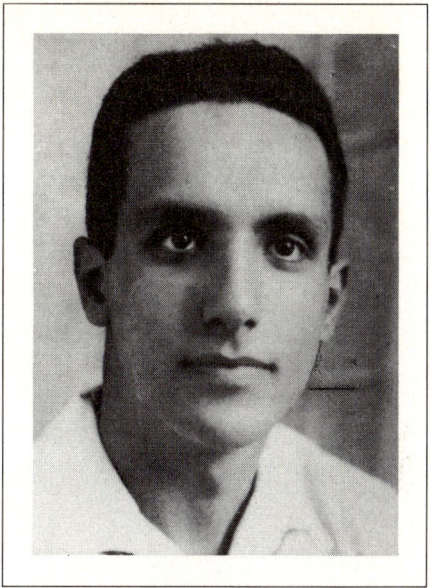

**Joachim S. (17) als Gymnasiast in Berlin
im Jahre 1932.**

notierten Brief von Poldi. Geschrieben hat er ihn am 24. September 1943 an seinen älteren Freund:

Mein lieber J.!

Wie oft im Leben wird man enttäuscht. Ich erlebte in diesem halben Jahr öfters Enttäuschungen und stand manchmal einsam und verlassen da, ohne jemand, der mich freundschaftlich beriet und mir half, das Schwere leichter zu nehmen.

Da fand ich Dich, den ich früher nie verstanden, den ich, obwohl wir jahrelang zusammen waren, nie richtig gekannt habe. Du reichtest mir die Hand zur Freundschaft. Nun wußte ich erst nicht, daß Du es ernst und aufrichtig mit mir meintest, sondern dachte an eine Erziehung. Wie erfreut aber war ich, als ich sah, daß Du für mich empfandest, was auch ich für Dich empfinde.

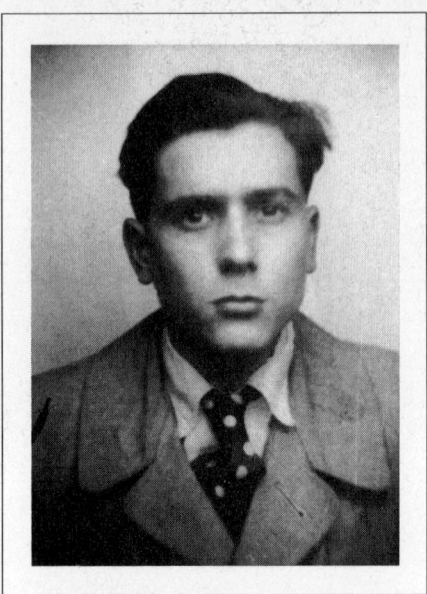

**Leopold C. (15), genannt Poldi,
in Berlin im Jahre 1943.**

Kannst Du mir verzeihen, daß ich so ungläubig an Dir gehandelt? Ja, Du kannst es, denn Du bist noch nie nachtragend gewesen. Ich hoffe, daß Du zu der Überzeugung gekommen (bist), daß ich das, was ich Dir getan, eingesehen (habe) und mir glauben wirst, daß ich mich bemühen werde, Dich nicht mehr zu enttäuschen und Deine Liebe mit dem gleichen Vertrauen in Dich beantworten werde.

Danken möchte ich Dir für alles, was Du für mich getan hast in diesem halben Jahr. Ich lernte viel hinzu und danke Dir besonders für Deine Anregung, mehr zu lernen. Einen Wunsch habe ich an Dich. Du weißt, wie schwer mir Ivrit fällt, und es (ge)hörte auch eine große Anstrengung dazu, das zu schaffen, was ich mir bis zu meinem Geburtstag vorgenommen. Gebe mir jede Woche zusätzlich eine Stunde.

In der Hoffnung und mit dem Glauben an eine gute Zukunft verbleibe ich Dein Dir immer treu bleibender Freund Poldi.»

**Anfang und Ende des letzten Briefes von Poldi an seinen
älteren Freund Joachim S. vom 24. September 1943.**

Nur wenige Tage später geschah das Schreckliche: Poldi hatte inzwischen Unterschlupf bei einer Frau gefunden, der es weder gelungen war, ein bei Nachbarn entstandenes Mißtrauen zu zerstreuen, noch Poldi rechtzeitig zu warnen. So kam es, daß eines Abends plötzlich zwei Gestapo-Beamte erschienen und darauf bestanden, in der Wohnung auf den Jungen zu warten. Als Poldi dann die Wohnungstür öffnete, wurde er sofort ergriffen und festgenommen. Er konnte sich aber noch einmal losreißen und Preßkohlen, die im Flur lagen, auf seine Verfolger schleudern. Im Hausflur wurde er jedoch nach einem heftigen Handgemenge schließlich überwältigt und brutal zusammengeschlagen.

Poldi wurde in ein Polizeiauto gezerrt und ins jüdische Sammellager in der Großen Hamburger Straße gebracht. Sein Zustand war so schlimm, daß er von dort aus zunächst ins Krankenhaus transportiert werden mußte. Durch einen jüdischen Ordner in dem Sammellager erfährt Joachim S. wenig später, was weiter geschah:

«Als Poldi zurück ins Sammellager kam, wurde er wochenlang verhört und gefoltert. Welche teuflische Gesinnung lag darin, einen schwerverletzten Menschen zu heilen, um ihn dann zu foltern. Die Gestapo hatte von unserer Gruppe Wind bekommen und versuchte nun, von Poldi unsere Aufenthaltsorte, unsere Namen und die unserer Helfer zu erfahren. Poldi ertrug die Quälerei und schwieg. Bevor er deportiert wurde, konnte er uns über einen Aufseher sogar noch eine Nachricht zukommen lassen:

‹Ich habe gekämpft und geschwiegen. Geht nicht mehr in die alten Quartiere! Macht euch um mich keine Sorgen! Ich werde tapfer bleiben und stark. Rettet euch! Wir werden uns, so Gott will, wiedersehen...›

Poldi hatte noch in seinen schwersten Stunden herauszuhören versucht, was für uns, die anderen, von Gefahr sein könnte. Nicht eine einzige Klage spricht aus seinem Abschiedsbrief. Jeden Abend umschlich ich nun unsere frühere Mittelschule der jüdischen Gemeinde, jetzt Sammellager für die aufgegriffenen Flüchtlinge. Ihre Front war von außen durch Scheinwerfer angestrahlt, um Fluchtversuche der Insassen unmöglich zu machen. Ich lebte in der törichten Hoffnung, noch irgendeinen Ausweg für Poldi zu finden. Nacht für Nacht. Es war aussichtslos. Auch er wurde nach Auschwitz deportiert...»

Nachdem im Sommer 1943 Joachims beste Freundin verhaftet und jetzt auch Poldi abgeholt war, beginnt seine Kraft zu schwinden: «Mein Gefühl nahm täglich zu: Es geht nicht mehr!» Seine Nachfolge in Berlin als Leiter der illegalen zionistischen Gruppe in Berlin übernimmt der erst zwanzigjährige «Halbjude» Gad Beck (vgl. auch das folgende Kapitel).

Erst im Februar 1944 kann Joachim S. mit gefälschten Papieren und einer Wehrmachts-Offiziersuniform zunächst nach Süddeutschland und dann über die Schweizer Grenze entkommen.

Nach dem Krieg erhält er in der Schweiz die Möglichkeit zu einem gründlichen Universitätsstudium. 1952, mit 37 Jahren, wandert er tatsächlich nach Israel aus und tritt ein Jahr später in Haifa eine Stelle als Gymnasiallehrer an, die er bis zu seiner Pensionierung, 1980, ausübt.

«Die Arbeit mit Kindern und Jugendlichen hat mir mein ganzes Leben große Freude und Bestätigung bereitet. Obwohl ich ja nie eine richtige Familie gründete, war mein bescheidenes Haus doch immer Treffpunkt junger Menschen unterschiedlicher Nationalitäten und Religionen. Über meine sexuellen Empfindungen konnte ich in Israel jedoch nie offen sprechen.

In den letzten Jahren habe ich auch aus Deutschland zahlreiche Einladungen und Ehrungen für mein damaliges Tun erhalten. In Büchern, Zeitungen und sogar im Fernsehen wurde über mein Leben berichtet. Ob all diese Menschen mich genauso achten, wenn sie um meine ganze Persönlichkeit wissen? Ich bin heute in meinem 77. Lebensjahr und kann mir darüber noch immer nicht sicher sein...

Die gewaltsamen Auseinandersetzungen zwischen Israelis und Palästinensern in meiner Heimat Israel zehren heute so sehr an meiner Seele, daß ich vor einigen Monaten beschlossen habe, zumindest einen Teil des Jahres in meiner Geburtsstadt Berlin zu verbringen. Den Glauben an ein humanes und gerechtes Zusammenleben der Menschen werde ich bis zu meinem Tode genausowenig aufgeben wie meinen Glauben an Gott.»

«Einsam war ich nie…»

Gad Beck, Jg. 1923, Berlin

Mit beinah 70 Jahren hat Gad Beck als ehemaliger Leiter der Jüdischen Volkshochschule in Berlin auch heute noch selten weniger als einen Achtstundentag: Interview-Vorbereitungen, Arbeitsbesprechungen, Ausstellungseröffnungen, Gemeindeveranstaltungen… «Vor Jahren hatte ich einmal die Wahl, mich beruflich für Menachim Begin, den früheren israelischen Regierungschef, oder für Heinz Galinski und die jüdische Gemeinde in Berlin zu entscheiden», sagt Gad Beck, der die israelische Staatsbürgerschaft besitzt. «Erst hatte ich doch einigen Respekt, wie meine Homosexualität, die ich nie in meinem Leben versteckt habe, hier aufgenommen würde. Ich kann nur sagen, ich habe meine Entscheidung nie bereuen müssen. In der Leitung der jüdischen Gemeinde wird mein Schwulsein offen und ohne Diskriminierung akzeptiert.»

Geboren wird Gad Beck mit seiner Zwillingsschwester Miriam im Sommer 1923 im traditionellen «Arme-Leute»-Wohngebiet der ostjüdischen Zuwanderer Berlins – in der Prenzlauer Straße im Scheunenviertel. Die Großeltern stammen aus Galizien. Der jüdische Vater ist als Österreicher nach Berlin gekommen, die christliche Mutter aus einer Bauernfamilie bei Frankfurt an der Oder. 1918 wechselt die Mutter zum jüdischen Glauben, 1920 heiraten die Eltern in Berlin. «Meine Mutter nahm die jüdischen Gesetze wahnsinnig ernst, die raste noch 1936 los, um ausschließlich koscheres Fleisch für die Familie zu kaufen. Vater war Kaufmann und hatte so eine Art Versandhandel, richtig mit Versandkatalog und allem…»

1928 wird Gad, der damals noch Gerd hieß, ein Jahr früher als normal eingeschult. Die Familie ist inzwischen in das «etwas bessere» Berlin-Weißensee umgezogen. In der dortigen Volksschule macht der Junge trotzdem von Anfang an alltägliche Erfahrungen mit Antisemitismus. «Ab März 33 wurde das dann aber erst richtig schlimm», erinnert sich Gad Beck. «Die wenigen jüdischen Schüler wurden von den anderen total boykottiert. Bei mir in der Klasse hieß es dann zum Beispiel: ‹Kann ich mich von Gerd wegsetzen? Der stinkt so nach jüdischen Schweißfüßen...› Da war ich immerhin erst zehn Jahre alt.

Unvergeßlich ist mir auch die Einführung des sogenannten Hitlergrußes an unserer Schule: Da standen dann also jeden Morgen 650 germanische Knaben in Reih und Glied mit gerecktem Arm, und ihnen gegenüber unser mickriges Häufchen von 13 jüdischen Jungen, die nichts machen durften.

Dabei war ich eigentlich von meiner Art her eher so ein Sunnyboy-Typ, meistens guter Laune und nicht so leicht zu erschüttern. Irgendwann habe ich gemeinerweise begonnen, die allgemeine Niedertracht gegen uns Juden manchmal auch für mich persönlich zu nutzen: Als ich zum Beispiel nicht mehr zum langweiligen Geigenunterricht wollte, habe ich einfach den Geigenstock zerbrochen und meinen Eltern erzählt, das hätten die Nazis gemacht...

Meine Eltern standen all dem eher hilflos gegenüber. Sie trösteten mich: ‹Junge – das geht bald vorüber!›, aber als nichts vorüberging, hatten sie doch ein Einsehen und schickten mich ab 1934 auf die Jüdische Knabenschule in der Großen Hamburger Straße. Dies hatte nun leider den Haken, daß dort reichlich Schulgeld bezahlt werden mußte und meine Eltern als Ausländer nirgendwo Unterstützung beantragen konnten. Deshalb mußte ich 1936 vorzeitig das Gymnasium verlassen und mir eine Arbeit suchen...»

Der dreizehnjährige Gad Beck findet eine Lehrstelle als Verkäufer in einem jüdischen Herren-Konfektionsgeschäft in Berlin-Wedding. Gleichzeitig verschlechtert sich die berufliche Situation des Vaters durch die NS-Restriktionen zusehends. Im August 1938 muß die Familie auf Anordnung die schöne Wohnung in Weißensee für «deutsche Arier» räumen und zurück ins Scheunenviertel ziehen. In der Nacht vom 9. auf den 10. November 1938 dann die erschütternde

Erfahrung der Pogrome gegen Juden in ganz Deutschland: «Was bereits damals wegen der zerschlagenen Fensterscheiben den verharmlosenden Namen ‹Kristallnacht› erhielt, habe ich erst am Morgen des 10. November richtig erfaßt, als ich in der Badstraße, in der das Geschäft war, in dem ich arbeitete, ankam und sah, daß fast bei allen Läden in der Straße die Schaufenster kaputtgeschlagen worden waren und die meisten Waren entweder geplündert oder in den Straßendreck gezerrt waren. Ich hatte selbst bis dahin gar nicht gewußt, daß das alles jüdische Geschäfte gewesen sind. Wir Lehrlinge hatten den ganzen Tag nichts anderes zu tun, als Holz zu organisieren, um die Fenster einigermaßen auszubessern. Als wir die wertvollen Anzüge, die in Haufen vor unserem Laden lagen, wieder in das Geschäft tragen wollten, sahen wir, daß die Ware über und über mit Kot verschmiert war. Ich werde nie vergessen, wie ein jüdischer Lehrling aus einem Nachbarladen im reinsten Berliner Jargon trocken bemerkte: ‹Wat muß die SA bloß jefressen ham, um so scheißen zu können!›»

Inzwischen ist Gad Beck 15 Jahre alt. Seine ersten homosexuellen Erfahrungen hat er bereits mit 12 Jahren gesammelt: «Ich hatte damals noch kein Wort dafür, ich fand das ganz selbstverständlich, es waren eben meine Empfindungen. Meinen ersten Mann habe ich mir ganz zielbewußt gesucht, weil ich endlich wissen wollte, wie das ist und wie es geht. Es war unter der Dusche mit unserem Sportlehrer, den ich toll fand und ziemlich überrumpelt habe. Eigentlich war der nämlich stockheterosexuell, hat später noch viele Kinder bekommen und lebt heute als emeritierter Professor in Amsterdam.

Wie ich schon sagte, Trübsal zu blasen war nie meine Art. Auch nicht in den dunkelsten Zeiten. Dadurch hatte ich es nie schwer, Freunde zu finden. Einsam war und bin ich bis heute nie gewesen. Meine Schwester Miriam hatte es damals als junges Mädchen viel schwerer, sich mal mit einem Jungen zu treffen. Die Mädchen wurden ganz anders überwacht, und es wurde schnell schlecht geredet, wenn ein Mädchen mit einem Jungen irgendwo allein gesehen wurde. Aber zwei Jungen?

Miriam war damals manchmal richtig eifersüchtig...»

Doch der November 1938 bleibt für Gad Beck und seine Familie wie für die meisten der noch in Deutschland verbliebenen Juden der entscheidende Einschnitt. Wer genügend Geld oder einflußreiche Verwandte oder Freunde im Ausland hat, versucht spätestens jetzt, Deutschland zu verlassen. Familie Beck fehlt beides. Von Januar 1939 bis Frühsommer 1940 wird Gad vom Arbeitsamt der deutschen Kartonagenfabrik Lindau als Hilfsarbeiter zugewiesen.

Im Sommer 1940 erfüllt sich für den siebzehnjährigen Gad ein langgehegter Traum: Er erhält die Erlaubnis, sich einem zionistischen Jugendlager auf dem Gut Skaby bei Berlin anzuschließen, auf dem offiziell der Aufgabe nachgegangen wird, jüdische Jugendliche auf die Auswanderung nach Israel vorzubereiten. «Das halbe Jahr der Hachschara in Skaby empfinde ich bis heute als die glücklichste Zeit meines Lebens! Stell dir mal vor: Nach Jahren des Außenseitertums und der Erniedrigungen waren wir hier nur unter uns – alles jüdische Jungen und Mädchen, voller Hoffnung auf einen Neubeginn im fernen Palästina. Ich war jung, optimistisch – und mal wieder wunderschön verliebt in einen anderen Jungen.»

Plötzliche Bauchschmerzen unterbrechen die Phase im Jugendlager abrupt: Gad Beck wird im Spätherbst 1940 mit einem Magenriß ins Krankenhaus eingeliefert. Nachdem die Erkrankung einigermaßen auskuriert ist, wird er zur Zwangsarbeit in eine Kartonagenfabrik nach Berlin-Lichtenberg geschickt. Diese Firma produziert ausschließlich für militärische Zwecke. Ein SS-Mann beaufsichtigt die Zwangsarbeiter:

«Im Grunde seines Herzens war das ein anständiger Mann, so um die Vierzig, der nur deshalb nicht im Krieg war, weil er stark hinkte. Man munkelte, daß er während des sogenannten Röhm-Putsches, 1934, angeschossen worden war. Es war zu spüren, daß ihm diese Aufseherfunktion zuwider war. Zu mir war er ausgesprochen nett. Ich hatte doch nichts anderes im Kopf, als einmal Urlaub zu bekommen, um meine Freunde von der Hachschara wenigstens besuchen zu können. Den hat er mir dann auch nach einer Weile gewährt. Noch im Krieg habe ich erfahren, daß der arme Teufel sich umgebracht hat...»

Etwa in dieser Zeit beginnt sich Gad Beck neben der Arbeit einer zionistischen Pfadfindergruppe in Berlin anzuschließen – dem «Makkabi Hazair» (deutsch: Der junge Makkabäer). Der «Madrich» (oder Leiter) dieser Gruppe ist der acht Jahre ältere Lehrer – Joachim S.! «Der war damals so 25 Jahre alt, ein unheimlich gutaussehender, charmanter und gebildeter junger Mann, der uns alle faszinierte und begeisterte. Bereits damals sprach er fließend Hebräisch! Von der ersten Begegnung an fühlte ich mit Freude: Der ist auch schwul!»

Anders als Gad sucht Joachim S. seine Homosexualität in der Öffentlichkeit zu verbergen – bis heute. In der Gruppe bestimmen jedoch bald existentielle Fragen die Gespräche: Seit Anfang 1941 kommen aus der Schweiz eindeutige Nachrichten, die eindringlich davor warnen, den Deportationsbefehlen nach dem Osten Folge zu leisten. Doch die Leitungsgremien der jüdischen Gemeinde in Berlin argumentieren anders: «Wir sind verpflichtet, unsere Armen und Kranken nicht im Stich zu lassen. Wir müssen dahin gehen, wo das Schicksal unseres Volkes entschieden wird!»

Es sind wenige, wie Gad Beck oder Joachim S., die sich relativ bald entschließen, notfalls ein Leben in der Illegalität zu führen, aber keinesfalls mit auf Transport in die als «Arbeitslager» deklarierten KZs zu gehen: «Für mich war das spätestens ab Sommer 1941 eine ganz rationale Überlegung. Ich war ein eher kleiner und schmächtiger Junge. Mir war klar, daß ich harter körperlicher Arbeit auf Dauer nicht gewachsen sein würde. Außerdem wußte ich durch meine Eltern einiges über den polnischen Antisemitismus. Da war prinzipiell nichts Besseres zu erwarten. Hier in Berlin dagegen kannte ich mich aus, hier hatte ich Freunde und konnte die Sprache. Ich wollte auf jeden Fall in Berlin bleiben!»

Doch auch in Berlin wird kaum einer der noch nicht Deportierten von schwerer Zwangsarbeit verschont. Obwohl die Eltern nach NS-Vokabular eine «Mischehe» führen und die Kinder als «Halbjuden» nicht als erste auf den Transportlisten in den Osten notiert werden, müssen doch alle den «Judenstern» tragen. Der Vater wird dem Gleisbau zugeteilt, die Schwester leistet Fließbandarbeit bei SIEMENS. Ostern 1942 führt ein Zwischenfall zur Katastrophe: Im Wohnhaus hatte bereits seit Monaten eine christliche Portiersfrau gegen die jüdische Familie Beck Propaganda gemacht. Als einmal die Mutter von Gad hinzukommt, wie diese Frau von draußen Abfälle gegen die Fenster wirft, platzt ihr der Kragen. Sie schreit die Frau an, endlich ihre Familie in Ruhe zu lassen. Während eines kurzen Handgemenges haut die Mutter der Nachbarin einen Milchtopf auf den Kopf und wirft sie kurzerhand die Treppe hinunter. Die Folgen lassen nicht lange auf sich warten: Noch am gleichen Tag werden die Eltern verhaftet. Der Vater wird ins KZ Sachsenhausen gebracht, die Mutter in das «Sammellager für Juden» in die Große Hamburger Straße.

Jüdische Nachbarn warnen Gad und seine Schwester, nicht mehr in die Wohnung zu gehen, um nicht ebenfalls festgenommen zu werden. Christliche Tanten erklären sich bereit, Miriam aufzunehmen. «Ich sollte mir dagegen etwas anderes suchen. Begründung: Ich sah ihnen zu jüdisch aus...»

Der neunzehnjährige Gad findet einen entfernten Verwandten, der bereit ist, ihn aufzunehmen: «Das war in der Greifswalder Straße. Da wohnte der so etwa dreißigjährige Mann nur, wenn er frei vom Militär war, denn seine Frau und das kleine Baby waren wegen der Bombenangriffe schon nach Ostpreußen gezogen. Er wußte, daß ich schwul bin – und das nahm ihn eher für mich ein. Denn er hatte einmal einen älteren Bruder gehabt, den er sehr geliebt hatte, und der war auch schwul gewesen und hatte sich aber 1932 umgebracht. In einem Zimmer stand ein großes Foto von einem sehr attraktiven jungen Mann – das war der Bruder dieses Mannes. Ich bekam dann wie selbstverständlich einen Wohnungsschlüssel und durfte auch Freunde mitbringen. Das sollte sich später noch als unglaublich hilfreich erweisen...»

Allmählich wächst Gad Beck in die illegale Arbeit für jene jüdischen Menschen, die sich bereits der Deportation entzogen haben und in Verstecken oder mit illegalen Papieren in Berlin zu überleben versuchen. Hier trifft er auch Joachim S. wieder, der inzwischen als «Ernst H.» vor allem ehemalige Schülerinnen und Schüler betreut. Als im März 1933 Propagandaminister Goebbels in einer großangelegten Aktion die letzten Juden aus den Fabriken zur Deportation abholen läßt, wird Gad Beck durch einen Zufall bewahrt: Der «Beauftragte zur Beseitigung für Fliegerschäden in Berlin», der Privatunternehmer W., kann durchsetzen, daß ein Großteil der verbliebenen «Mischlingsjuden» seinen Aufräumkommandos zugeteilt wird. Gad ist dabei.

Zu dieser Zeit trägt Gad im Rahmen der illegalen Hilfsaktion bereits den Tarnnamen «Günter Kaplan». Durch seine Verbindungen zu nichtjüdischen Deutschen spielt er eine zunehmend wichtige Rolle bei der Beschaffung von Quartieren, Lebensmitteln und gefälschten Papieren. Allein in der kleinen Wohnung in der Greifswalder Straße bringt er zuweilen bis zu acht Personen unter.

Eines Tages, bei einer regelmäßigen Kontrolle der einzelnen Aufräumkommandos, wird Gad von dem Unternehmer W. direkt angesprochen: «He, du da mit der Brille! Du kannst doch bestimmt Schreibmaschine schreiben?» Gad erstarrt zuerst, antwortet dann aber geistesgegenwärtig: «Ja!» Noch nie in seinem Leben hat er an einer Schreibmaschine gesessen. Am Wochenende übt er wie ein Wahnsinniger auf einer geliehenen Maschine, um am Montag darauf im Büro vor W. bestehen zu können und der schweren und gefährlichen Arbeit in den Ruinen zu entgehen.

Es gelingt. Gad darf im Büro bleiben. Aber die größte Überraschung steht noch bevor. An seinem 20. Geburtstag, dem 30. Juni 1943, schaut ihm W. eine Weile bei der Arbeit zu und meint plötzlich: «Du quälst dich ja beim Tippen!» Gad erschrickt und verneint sofort. Ein Kollege vom Nachbarschreibtisch meint freundlich: «Das ist nur heute so, weil er Geburtstag hat!» Daraufhin W.: «Na, dann mach mal 'ne kleine Pause und komm mit!» Zu Gads maßlosem Erstaunen lädt ihn W. zum Eisessen ein. Gad spürt, daß W. mehr will, und setzt alles auf eine Karte.

«Ich habe ihm dann erzählt, daß ich anderen Verfolgten helfe und daß wir dringend Verstecke und Unterstützung von Nichtjuden benötigen. Da hat er nicht lange gezögert und gesagt: ‹Du bleibst bei mir auf der Arbeitsliste für alle Zeiten!› Dann hat er mir die Schlüssel für einen seiner abseits stehenden Bauwagen gegeben. Allerdings unter der Bedingung, daß nur ich diesen Bauwagen nutzen würde und bereit sein müßte, ihn zwei- oder dreimal die Woche nachts zu empfangen. Auch würde er immer für genügend Lebensmittel sorgen, die ich in diesem Wagen finden sollte. Ich zögerte nicht eine Minute. Selbstverständlich würde ich dieses hervorragende Versteck auch für andere nutzen.»

Gad Beck schildert den Unternehmer W. als einen «großen, dicken und gutmütigen Mann, so um die Vierzig, der ausgesprochen ungebildet war – aber sehr zärtlich sein konnte.»

«Das war wirklich eine Überraschung, wie körperlich empfindsam der ansonsten grobschlächtige Mann sein konnte. Es entstand durchaus eine gegenseitige Sympathie in den folgenden Monaten. Einmal sagte er zu mir in all seiner ehrlichen Naivität: ‹Ein so reicher Mann bin ich jetzt im Krieg nur durch euch arme Schweine geworden!›»

Die Zahl der Menschen, die Gad Beck betreut, ist inzwischen auf 80 bis 100 angewachsen. Es besteht eine relativ zuverlässige Verbindung in die Schweiz, über die beachtliche Geldmittel nach Berlin geschleust werden, jedoch nur ganz vereinzelt und unter großen Risiken Menschen herausgebracht werden können. Einer von ihnen ist Ende 1943 Joachim S., dem nach mehreren Verhaftungen in seiner Gruppe im Februar 1944 die Flucht in die Schweiz gelingt. Sein Nachfolger als Leiter der geheimen Kontakte in die Schweiz wird Gad Beck.

Anfang 1944 gelingt es Gad im Luftschutzkeller, einen weiteren nichtjüdischen Helfer kennenzulernen. Ihm fällt ein junger Mann auf, der als einziger zwischen all den Frauen dort jeweils bei Alarm hineingeht. Er erfährt, daß dieser Mann ein Spezialist sei, der als Ingenieur in einer nahen Firma an der Konstruktion neuer «Schnorchel» für U-Boote arbeiten würde und deshalb nicht beim Militär sei. Einmal spricht ihn der junge Mann an und fragt, was er denn machen würde. Gad stammelt: «Ich bin Schauspieler, staatenlos...»

Ein paar Tage später informiert ihn jemand: «Der Ingenieur Paul Dreier möchte dich sprechen. Du sollst in sein Büro kommen, das ist hier ganz in der Nähe...» Neugierig macht sich Gad auf den Weg. Als er beim Portier vorschriftsmäßig mit «Heil Hitler!» grüßt, sagt der alte Mann freundlich: «Wenn du zu Paul Dreier willst, mußt du nicht ‹Heil Hitler!› sagen...» Im Büro angekommen, schließt der Ingenieur zunächst die Tür und sagt dann Gad auf den Kopf zu: «Entweder bist du jüdisch oder schwul!» Dann geht er an seinen Tresor und zeigt ihm Belege für geschmuggeltes Geld, die mit «Günter Kaplan» unterschrieben sind. Gad erkennt die Papiere sofort. Es sind Quittungen, die er für die jüdische Familie K. ausgestellt hat.

«Ob du es glaubst oder nicht – so ein korrekter deutscher Jude war ich! Es war üblich, daß ich über alle Summen, die ich aus der Schweiz erhielt, genau Buch führte und mir jeweils alles quittieren ließ. Aus heutiger Sicht ist so ein Leichtsinn völlig unverständlich, aber ich dachte allen Ernstes, daß ich über diese Summen nach Kriegsende ja in der Schweiz würde abrechnen müssen, und dann sollte mir niemand Unregelmäßigkeiten nachsagen können.»

Aber wie kam der Ingenieur an die Quittungsdurchschriften?

«Da war nur eine Erklärung vorstellbar: Da er mich nicht sofort hatte verhaften lassen, nachdem er meine Doppelidentität ja offensichtlich erraten hatte, konnte er im Prinzip nur auf unserer Seite sein und ebenfalls dieser und womöglich anderen jüdischen Familien bereits geholfen haben. Und daß er außerdem schwul war, daran hegte ich nun keinen Zweifel mehr.»

Paul Dreier bietet Gad die leerstehende Wohnung seiner Sekretärin an. Dies kommt zu einem besonders dringenden Zeitpunkt, denn die Frau und das kleine Kind des entfernten Verwandten waren inzwischen vor der Roten Armee nach Berlin zurückgeflüchtet, und damit steht die Wohnung in der Greifswalder Straße nicht mehr zur Verfügung. Auch hier wird die Bedingung gestellt, daß nur Gad die Wohnung nutzen dürfe und bereit sein müsse, Paul ab und zu zu empfangen. Es scheint dem Ingenieur jedoch wirklich nicht in erster Linie darum zu gehen, Gad sexuell auszunutzen. Denn als er Ende 1944 einmal unangemeldet kommt und sieht, daß sieben Menschen in der Einzimmerwohnung untergebracht sind, akzeptiert er dies und verzichtet fortan auf alle Privilegien.

Anfang 1945 befindet sich Gad in der eigenartigen Situation, daß er über Barmittel in einer Höhe von rund 1½ Millionen Reichsmark aus der Schweiz verfügt, aber kaum noch Möglichkeiten sieht, sie sinnvoll einsetzen zu können. «So ab 1944 begannen viele jüdische Geschäftsleute, vor allem aus den USA, gewaltige Summen auf dieses

Gad Beck (19) im Frühjahr 1942 mit jüdischen Freundinnen und Freunden (direkt hinter Gad sitzt Joachim S.).

Schweizer Konto zu spenden in der vagen Hoffnung, so ihren in Deutschland eingeschlossenen Verwandten oder Freunden noch irgendwie helfen zu können. Bei einigen war das sicher auch eine Art schlechtes Gewissen, nicht früher schon mehr getan zu haben.»

Die Schweizer Leitung übermittelt an Gad Beck schließlich die Empfehlung, das Geld soweit wie möglich in beweglichen Werten wie Schmuck und ähnlichem anzulegen. Gad fragt Paul um Rat. Das nun folgende Unternehmen führt zum Verhängnis. Ein jüdischer Spion verrät zuerst Paul Dreier, der gemeinsam mit seiner Sekretärin im Februar 1945 von der Gestapo verhaftet wird. Paul wird zusammen-

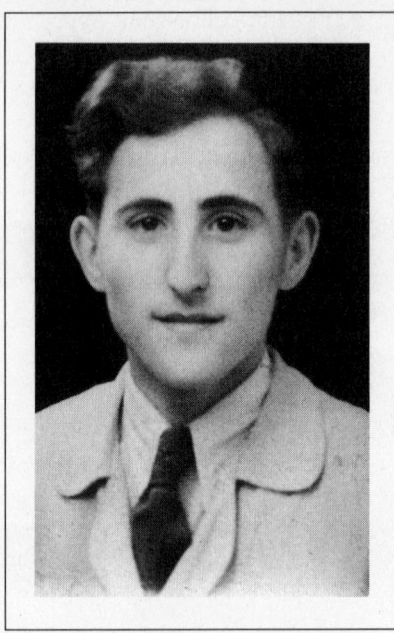

**Gad Beck (20), jüdischer Zwangsarbeiter
im Sommer 1943 in Berlin,
gleichzeitig im Untergrund als
«Günter Kaplan» aktiv.**

geschlagen und mehrfach gefoltert, um weitere Namen preiszugeben. Während der Vernehmungen sagt er aus: «Ich wußte gar nicht,
daß die jungen Männer, denen ich geholfen habe, Juden waren. Ich
habe es getan, weil ich schwul bin...» Als Homosexueller wird Paul
Dreier in das Zuchthaus Brandenburg gebracht, wo er noch in den
letzten Kriegswochen gezielt als Rosa-Winkel-Häftling geschunden
wird. Einmal werden auf Ohren und Hoden dressierte Hunde auf ihn
gehetzt, die ihn entsetzlich zurichten. Er überlebt als Schwerbehin-
derter knapp die NS-Zeit...

Gad Beck wird von der Gestapo gemeinsam mit seinem jüdischen

Freund Heinz A. in der Parterrewohnung der Sekretärin überrascht und festgenommen. Beide werden zum Gestapo-Quartier in die Französische Straße gebracht. Heinz wird in einem Nebenraum zusammengeschlagen, Gad wird dem als «Gestapo-Müller» über die Grenzen Berlins hinaus berüchtigten SS-Gruppenführer Heinrich Müller vorgeführt. Auf dem Schreibtisch des SS-Mannes liegen ein Teil der Quittungen, die Gad als «Günter Kaplan» unterschrieben hat, sowie einige kleine schwule Liebesgedichte, die Gad an dem gleichen Ort verwahrt hatte.

Zu Gads Verwunderung gibt sich der berüchtigte Menschenschinder ihm gegenüber geradezu loyal: «So – da habt ihr also sogar noch Zeit für Liebesgedichte gehabt!» Nach einer Weile stellt sich heraus, daß die Frau des SS-Mannes früher gut mit der Mutter von Gad bekannt war. Gad wird weder geschlagen noch gefoltert. Nach einigen Verhören wird er zusammen mit Heinz in das letzte in Berlin bestehende jüdische Sammellager gebracht. Im Gegensatz zu Gad ist sein Freund Heinz schlimm zugerichtet – sein Gesicht ist blutig und verquollen, alle Vorderzähne sind herausgeschlagen.

Im Keller des Sammellagers, einem ehemaligen jüdischen Krankenhaus, sitzen die wenigen verbliebenen Juden mit ihren Bewachern. Alte Männer in zusammengestückelten Uniformen, erschöpft und ratlos, wie alles werden wird. Ab und zu wird in gegenseitigem Einvernehmen von Bewachern und Gefangenen geheim und leise BBC gehört. Im März 1945 spricht Thomas Mann, und alle hören, wie er sagt: «Ich grüße Günter Kaplan in Berlin! Alle die von ihm betreuten Juden sind inzwischen von der Roten Armee befreit!» Gad Beck bemerkt heute dazu: «Ich wußte nun leider, daß das nicht stimmt. Aber immerhin war's ja nett gemeint. Und in der Achtung der Wachleute stieg ich natürlich gewaltig. Einer gab mir sogar seine Lederhandschuhe, die ich dann unter den Handschellen tragen konnte, damit sie nicht so in die Haut schnitten...»

Wenig später wird bei einem Luftangriff der gesamte Keller verschüttet. Heinz kann sich nach draußen retten. Gad bleibt zunächst verschollen. «Gestapo-Müller» gibt Anweisung, den «Juden Beck» herauszuholen, und verspricht demjenigen, der ihn lebend birgt, die

Gad Beck (68) Anfang 1992 in Berlin.

Freiheit. Ein Jude aus Tripolis kann den schwerverletzten Gad finden – und darf sich tatsächlich aus dem Staub machen. Gad wird behelfsmäßig verarztet, mehrere Knochenbrüche werden geschient.

Dann geht alles plötzlich sehr schnell. Die Nahkampfgeräusche sind seit Tagen in unterschiedlich dichten Wellen zu vernehmen. Mit einemmal sind alle Wachleute verschwunden, und russische Soldaten in Kampfuniform dringen in das beschädigte Gebäude ein. Gad kann sich noch immer nicht von seinem Lager rühren. Nach einer Weile kommt einer der Soldaten auf ihn zu und fummelt mühsam einen kleinen Zettel aus seiner Brusttasche. In Jiddisch fragt er vorsichtig: «Is du eyner der Gad Beck? Brider – du bist frey!»

Nach einer Weile ist Gad soweit genesen, daß er sich von seinem Krankenlager erheben kann. Mit 22 Jahren wird er im Juni 1945 der

«Erste Vertreter der jüdischen Interessen» in Berlin. In einem provisorischen Büro gibt er notwendige Stempel aus, hilft Kontakte herzustellen, tröstet, wo immer er kann. Einmal führen zwei russische Soldaten ein deutsches Ehepaar in sein Büro – vor ihm steht der verhaftete Abrißunternehmer W. mit seiner Frau, unrasiert und in Sandalen. Der Soldat sagt zu Gad: «Die sind zu Ende!» In einer spontanen Regung umarmen sich Gad und W. – «Wir haben beide geweint bei diesem Wiedersehen...»

Gad schreibt sofort einen offiziellen Brief an die sowjetische Stadtkommandantur, in dem er bescheinigt, daß W. mit «antifaschistischer Haltung vielen jüdischen Arbeitern das Leben gerettet hat». Jedoch kommt sein Brief zu spät. W. besaß eine große Villa in Berlin, und sein Unternehmen war in den Kriegsjahren zu einem der größten Berlins geworden. Diese Realitäten wiegen schwerer. W. wird abtransportiert und nie wieder gesehen.

1946 verläßt Gad Beck Berlin, um in München eine Tätigkeit bei der Auswanderung von Juden aus Europa zu übernehmen. Im Oktober 1947 wandert Gad Beck über Marseille selbst nach Palästina aus – ein gutes halbes Jahr vor der Gründung des Staates Israel 1948. Nach Berlin kehrt er 1979 zurück.

«Der Feind – mein Geliebter!»

Erich Lifka, Jg. 1924, Wien

Im Sommer 1943 steht der neunzehnjährige Leutnant der deutschen Wehrmacht, Erich Lifka, geboren und aufgewachsen in Wien, knapp vor der Verkündung des Todesurteils durch das Kriegsgericht der 4. Panzerdivision in Minsk. Als Aktenvermerk hatte der zuständige Kriegsgerichtsrat bereits eingetragen: «Zweimal zum Tode durch den Strang». Erich Lifka war für schuldig befunden, mit den Partisanen im Pripjet-Delta, die unter dem Befehl des Generals der Roten Armee Werschigora standen, Kontakt aufgenommen zu haben. Wiederholt hatte er Partisanen, die zur Erschießung bestimmt waren, heimlich zur Flucht verholfen.

Nur durch einen guten Freund, den er noch von seiner Ausbildungszeit an der Panzertruppenschule in Potsdam-Krampnitz her kennt, werden Todesurteil und Vollstreckung verhindert. Sein Freund, der Oberleutnant M., ein überzeugter Nationalsozialist, der zufällig der Schwiegersohn des Kommandeurs dieser 4. Panzerdivision ist, bringt durch seine guten Beziehungen die Strafakte im letzten Moment an sich. Er vernichtet sie und verhindert so die geplante Verhandlung. Auf seine Initiative hin wird Erich Lifka zu einer entlegenen Einheit strafversetzt – dem 10. Panzerregiment, das zwar auch zur Division gehört, jedoch eigentlich ein Artillerieregiment ist. Oberleutnant M. hat mit dieser tapferen Tat sein Leben riskiert.

Erich Lifka hatte sich schon im Frühjahr 1942, unmittelbar nach dem vorzeitigen Kriegs-Abitur zur Wehrmacht gemeldet. Er war damals noch immer illegales Mitglied der Kommunistischen Partei Österreichs (KPÖ) und in einer sogenannten Fünfergruppe des Widerstands in Wien tätig. Als drei Mann dieser Gruppe verhaftet wurden und der vierte durch Selbstmord endete – er stürzte sich unmittelbar vor seiner Festnahme aus dem Fenster –, empfahl der zuständige kommunistische «Kampfgruppenkommandant» dem jungen Genossen Lifka, sich zu den jugoslawischen Partisanen durchzuschlagen. Dort war der österreichische Kommunist Franz Honner bereits aktiv und hatte ein österreichisches Partisanen-Bataillon gegründet. Man verständigte über Funk Franz Honner sowie den Führer der jugoslawischen Partisanen, Josip Tito, den späteren Staatschef Jugoslawiens. Aber es kam nicht zur geplanten Flucht. Umstände, deren genauere Beschreibung hier zu weit führen würde, machten den Plan zunichte. Es blieb nur eine Alternative: freiwillige Meldung zur deutschen Wehrmacht.

Schon damals sprach und schrieb Erich Lifka sehr gut russisch. Dies mochte mit ein Grund für seine jugendliche «Blitzkarriere» beim Militär sein. Sie ersparte ihm Kriegsschule und die gefürchtete «Frontbewährung», bei der die meisten jungen Reserve-Offiziersbewerber ihr Leben lassen mußten. Auch die schweren Verluste der Wehrmacht in den Jahren 1942 und 1943 trugen wohl dazu bei. Vom Nachrichtendienst – dem Funkwesen – wurde er ohne weitere Überprüfungen mit offenen Armen aufgenommen.

Erich Lifka aber war und blieb in seinem Innern ein überzeugter Kommunist. Die Nazis waren ihm verhaßt. Bereits im Alter von 12 Jahren war er ohne Wissen seiner Eltern dem «Kommunistischen Jugendverband» in Wien beigetreten, in dem auch der spätere österreichische Justizminister Dr. Christian Broda tätig war. Lifkas Vater war General der slowakischen Armee und Stadtkommandant von Preßburg (dem späteren Bratislava), ein enger Freund des 1947 wegen Kollaboration mit den Nazis hingerichteten slowakischen Staatspräsidenten Jozef Tiso. Nach dem Kriege gelang es Erich Lifka, seinem Vater das Leben zu retten. Bei einem Besuch des neuen Staatspräsidenten der ČSR, Klement Gottwald, 1946 in Wien machte er sich zum Fürsprecher des gesuchten «Faschistengenerals», der sich zu diesem Zeitpunkt in den Karpaten versteckthielt. Die Verdienste von Erich Lifka im Widerstand bewogen Präsident Gottwald, den Vater, Eduard Lifka, zu begnadigen. Erichs Vater starb 1970 in einem Altersheim in Bratislava. Seine Mutter und seine Schwester standen all dem mißtrauisch und feindselig gegenüber; vor allem aber verstanden sie ihn nicht. Von seiner homosexuellen Veranlagung erfuhren sie erst in den frühen fünfziger Jahren.

Bereits in seinen Jugendjahren in Wien hatte sich Erich Lifka bei Sabotage-Aktionen der ab 1938 illegalen Kommunistischen Partei Österreichs beteiligt. Hier lernte er Russisch, übersetzte Flugblätter und verfaßte geheime Schriften für die Partei.

1941, mit 17 Jahren, verübte er ein richtiges «Husarenstück», bei dem er in einem zufälligen Moment geistesgegenwärtig eine Personenkartei der SS an sich bringen konnte. Diese Kartei enthielt neben vielen Namen von Juden und politisch Mißliebigen auch die Tarnnamen von Agenten der Sowjetunion, die man damals zwar im Auge behielt, aber infolge des Hitler-Stalin-Paktes von 1939 vorerst noch in Ruhe ließ. Bei dem Überfall der deutschen Wehrmacht auf die Sowjetunion am 22. Juni 1941 waren sie zur «Liquidation» oder zur Verschleppung in ein KZ vorgesehen.

Diese Widerstandsaktion des Siebzehnjährigen konnte nur gelingen, weil Erich Lifka damals in der Uniform eines Hitlerjugendführers bei der sogenannten Volksdeutschen Mittelstelle in Wien Dienst tat, einer Organisation der SS, deren eigentliche Aufgabe das Nachrichtenwesen, also Gegenspionage, war. Ohne Auftrag oder Befehl vernichtete der Junge die Kartei – und geriet deshalb nie in Verdacht. Für die SS blieb die Sache ein Rätsel. Im März 1946, nachdem er aus englischer Kriegsgefangenschaft zurückgekehrt war, bekommt Erich Lifka für diese Tat eine hohe Auszeichnung durch den sowjetischen Botschafter in Wien. Auch die wieder zugelassene Kommunistische Partei Österreichs empfängt ihn mit allen Ehren.

Doch nach den verlorenen Kriegsjahren widmet sich der inzwischen zweiundzwanzigjährige Erich Lifka nun zunächst vor allem seiner Berufsausbildung. Er studiert an der Wiener Universität Sprachen und legt 1949 und 1950 Akademische Dolmetscherprüfungen in Englisch und in Französisch ab. Zusätzlich erwirbt er perfekte Kenntnisse in den drei skandinavischen Sprachen.

Bereits im Krieg hatte Erich Lifka schwermütige Gedichte geschrieben, in denen er in Metaphern homoerotische Gefühle thematisiert. Drei Gedichtbände in den frühen fünfziger Jahren sind die Folge, für die er sogar Preise durch die Stadt Wien und das Unterrichtsministerium erhält. Nachdrucke mehrerer Gedichte erscheinen in Publikationen der damaligen «homophilen Presse», so etwa in «Der Kreis» in Zürich. Fortan widmet er sich bewußt der Literatur und versucht, sich eine Existenz als freier Schriftsteller aufzubauen.

In den frühen Erzählungen jener Jahre spricht er immer wieder von den Schrecken des Krieges, aber auch von zärtlichen Freundschaften inmitten des grausamen Alltags. Eine Geschichte, die auf eigenen Erlebnissen beruht, widmet er dem siebzehnjährigen Rotarmisten Wassilij Bondartschuk. Dieser junge Russe gehörte zu den «Feinden, denen ich das Leben retten konnte – zu den viel zu wenigen», wie Erich Lifka später erzählt:

«Ich lag mit meiner Einheit damals in Frauenburg, ein mittelalterliches Städtchen, hoch oben in Lettland, am Ufer der Ostsee. Unweit von Frauenburg lag das Gut Meerode. Der Besitzer, ein deutsch-baltischer Baron, war bereits geflüchtet. Das alte Fachwerkhaus hatte mir so gut gefallen, daß ich beschlossen hatte, mit der Panzerkompanie, die ich vorübergehend führte, hier Quartier zu beziehen.

Es war eine unbeschreiblich idyllische, richtig romantische Ecke. Der Krieg schien weit weg; nur das dumpfe Grollen der schweren Artillerie erinnerte an die Nähe der Front...

Plötzlich entstand draußen wilder Lärm. Ich hatte einen Spähwagen ausgeschickt, um die Front zu erkunden, und das Fahrzeug kam kettenrasselnd zurück. Der Feldwebel Zink, ein ungeschlachter Bayer aus Passau, sprang herunter... Mir fiel auf, daß da etwas nicht stimmte. Die Leute gruppierten sich lärmend um den Spähwagen. Auf der gepanzerten Motorhaube des Wagens lag eine Gestalt mit dem Gesicht nach unten. Ich hielt sie zuerst für einen Toten, denn so brachten wir Gefallene zurück. Als ich aber aus der Tür trat und näher kam, erkannte ich, daß es ein lebendiger, blutjunger Rotarmist war, den Zink mit Stricken auf den Panzer gebunden hatte... Der junge Bursche zitterte vor Angst, wagte aber nicht zu schreien. Er trug den schweren, gelblich-braunen Mantel der Roten Armee, und auf dem Rücken hatte er den typisch kleinen Sack mit seiner Verpflegung, den die einfachen Soldaten alle trugen. Er enthielt in der Regel nur einen Laib Brot und Sonnenblumenkerne. Auch drüben wurde gehungert...

Währenddessen hatten die Männer den Jungen losgebunden und zu Boden geworfen. In dem Moment zog Zink seine schwere achtunddreißiger Pistole und zielte auf das Genick des Jungen...

Ich sprang hinzu und riß Zink mit dem Gewicht meines Körpers zur Seite. Aber es war zu spät. Er hatte schon abgedrückt. Die Kugel fuhr dicht neben dem Kopf des Jungen in die Erde und ließ sie hochspritzen. Mit einem gellenden Schrei des Entsetzens warf sich der junge Russe zur Seite. Er krümmte sich auf der Erde zusammen und begann wild zu schluchzen...

Ich stand auf und gab dem Feldwebel wutentbrannt einen Fußtritt. Der Mann ließ seine Waffe fallen. ‹Was soll das heißen?› keuchte er. ‹Seit wann darf man einen Bolschewisten nicht mehr umlegen?»

Ich würdigte ihn keines Wortes. Ich half dem Russen auf die Beine... ‹Prjom, galubtschik moj›, sagte ich leise auf russisch. ‹Armer Junge, ich nehme dich zu mir ins Haus, keiner wird dir etwas tun.›

Der Junge hörte plötzlich zu weinen auf und betrachtete mich mit Staunen. Dann warf er sich hastig auf die Knie: ‹Gospodin Lejtnant›, sagte er. ‹Mein Leben gehört dir, wjek schisni – lebe hundert Jahre dafür...»

Später, während ich ihm zu essen gab, erzählte er mir vom Leben in seiner Heimatstadt Kutsk und seinem Vater, der Ingenieur beim Kraftwerk war.

Wassilij – moj drug, mein Freund. Still, heimlich und wie selbstverständlich wurde er für wenige Tage und eine Nacht mein Geliebter. In der Zeit ließ ich ihn als meinen Burschen arbeiten und dachte darüber nach, wie ich ihn ohne Gefahr über die Front zurückschicken könnte.

Ich wagte nicht, ihn bei mir im Zimmer schlafen zu lassen. Er war in einem bewachten Nebengebäude untergebracht. Erst in der vierten Nacht traute ich mich zu ihm. Er erwartete mich. Nackt lag er unter der rauhen Decke. Wir liebten einander bis zum Morgengrauen...

Dann stand die Trennung bevor, denn meine Einheit sollte am Mittag des folgenden Tages verlegt werden. Wir wußten, daß es ein Abschied für immer war. Gemeinsam gingen wir durch das Gehölz bis auf größtmögliche Nähe zu den sowjetischen Linien. Beide hatten wir Tränen in den Augen.

Dann wandte er sich ab und lief davon. Ich hielt eine durchgeladene Maschinenpistole im Arm, fest entschlossen, Wassilijs Leben zu verteidigen, wenn er angegriffen werden sollte. Aber kein Schuß fiel...»

Trotz seines Widerstandes im Krieg kommt es schon bald zum endgültigen Bruch mit den Kommunisten Österreichs. 1950 hatte Erich Lifka, damals Mitglied der Stadtleitung Wien der KPÖ, öffentlich Stalin kritisiert: Unter Berufung auf das marxistische Dogma, das es einem sozialistischen Land verbietet, sich Gebiete eines Nachbarlandes anzueignen, verlangte er die sofortige Rückgabe von Ostpreußen, Schlesien und Pommern an die damals eben erst gegründete DDR. Noch im selben Jahre wurde er formal aus der KPÖ ausgeschlossen.

Fortan arbeitete Erich Lifka verstärkt bei mehreren Zeitungen der gerade neu erstehenden «homophilen Presse» im Ausland mit. In Österreich galt wie in Deutschland noch eine aus der NS-Zeit ungebrochene Gesetzgebung gegenüber Homosexuellen. Besonders ermutigt durch dänische Freunde, verfaßte er mehrere Artikel unter eigenem Namen, welche diese Gesetze anprangerten und ihm den Haß von Polizei und Justiz in seinem Heimatland eintrugen. Überschriften seiner Artikel aus den frühen fünfziger Jahren lauteten: «Wir sind mit dem Leben bestraft», «Die Gestapo lebt noch» oder «Die Wiener Polizei auf Menschenjagd».

Anlaß für diese Artikel waren konkrete Verfolgungsmaßnahmen, die es in Österreich bisher in diesem Ausmaß nicht gegeben hatte: In einem Prozeß vor einem Wiener Gericht wurden unter Vorsitz des Richters Lieberich – eines Kommunisten! – an einem Tag 54 Homosexuelle verurteilt, in einem weiteren Prozeß in Feldkirch (Vorarlberg) sogar 123 Männer. Unbehelligt durfte Richter Lieberich in Wien feststellen, es täte ihm leid, daß er für die meisten Angeklagten nicht die Todesstrafe verhängen könnte.

Gemeinsam mit wenigen fortschrittlichen, nicht-homosexuellen Juristen und Politikern, wie dem späteren Justizminister, dem Sozialdemokraten Dr. Christian Broda oder dem Redakteur der Grazer sozialdemokratischen Zeitung «Neue Zeit», Hofrat Dr. Wolfgang Benndorf, kämpfte Erich Lifka jahrelang ohne Erfolg für eine Abschaffung des österreichischen Sonderparagraphen 129 I b.

Im Jahre 1954 war es seinen Gegnern endlich gelungen, eine erste Anzeige gegen ihn zu lancieren. Wegen «erotischer Kontakte zu einer Person des gleichen Geschlechts» wird er zu vier Monaten schweren Kerkers verurteilt. Bald darauf noch einmal zwei Monate. Als ein Gericht unter Dr. Pausinger das Strafmaß auf ein Jahr heraufsetzt, erhebt der damalige Rechtsanwalt Dr. Broda «Nichtigkeitsbeschwerde». In einer aufsehenerregenden Rede vor dem Obersten Gerichtshof (OHG) in Wien bezeichnet er Erich Lifka als «den neuen Sokrates, verfolgt, tapfer und gerecht». Der Senat des OHG bleibt unbeeindruckt. Die Beschwerde wird verworfen, aber die Strafe endgültig auf vier Monate festgesetzt.

Doch einmal in den Fängen der Justiz, erhält er ab jetzt regelmäßig Vorladungen zur Kriminalpolizei. Trotz dieser enormen psychischen Belastung ist Erich Lifka weiter als Schriftsteller produktiv. Die bereits erwähnten Gedichtbände bringen ihm größere Anerkennung ein. So äußern sich beispielsweise der Literatur-Nobelpreisträger Hermann Hesse, der Nestor der österreichischen Lyrik Felix Braun sowie der Literaturprofessor Hans Egon Holthusen lobend über seine lyrischen Arbeiten.

Der bereits in der Weimarer Republik gemeinsam mit Magnus Hirschfeld für die Gleichberechtigung der Homosexuellen engagierte Kurt Hiller urteilt über Lifkas 1957 erschienenen Gedichtband «Die Flut rückt vor»:

Erich Lifka (17) im Jahre 1941 in Wien.

«Lifka ist der Antike und der Literatur vieler Länder und Völker innig verbunden, wovon nicht nur eigene Arbeiten, sondern auch seine gelungenen Nachdichtungen von Voltaire bis Rudolf Nilsen Zeugnis ablegen, aber seine Verse spiegeln heutiges Erleben und Erleiden wider, eigenwillig gesehen, unsentimental und unkonventionell.»

Im September 1958 – Erich Lifka ist jetzt 34 Jahre alt – wird er erneut verhaftet und zu 18 Monaten schwerem Kerker ohne Bewährung verurteilt. Der Schuldspruch durch Richter Schachermayr wirft ihm eine «unsittliche Annäherung an einen jungen Mann» vor. Als «Tatbestände» werden angeführt: eine Einladung ins Kino und ein gemeinsamer Spaziergang. Obwohl nachweislich keine sexuelle

**Erich Lifka (19) im Sommer 1943 als Panzersoldat
auf der Militärschule Potsdam-Krampnitz.**

Handlung, nicht einmal ein Gespräch sexuellen Inhalts stattgefunden haben, sieht der Richter den Strafbestand einer «versuchten Unzucht wider die Natur» als erfüllt an.

Einige Jahre später wird Richter Schachermayr wegen Unterschlagung von zehn Millionen Schilling aus dem Amt entlassen. Seine Urteile aber werden vom Obersten Gerichtshof im nachhinein bestätigt. Sie seien «streng, aber immer gerecht» gewesen, stellt Oberrichter Dr. Melnitzky ausdrücklich fest.

Erich Lifka erlebt die anderthalbjährige Haftzeit «als die schrecklichste Phase meines Lebens»: «Es war das Unrecht, das ich so stark empfand, daß es mich mehrmals an den Rand meiner körperlich-see-lischen Existenz brachte...»

1960 wird er entlassen. Schwere Depressionen belasten seine Arbeit. Es kommt zu Konflikten mit Freunden. Noch mehrere Male ereilen ihn Festnahmen und Haftstrafen, darunter eine Verurteilung wegen des «Besitzes unzüchtiger Schriften in gewinnsüchtiger Absicht» – sechs Monate Haft! Dieselben Bilder bezeichnet 1965 Richter Gutjahr als «jetzt nicht mehr unzüchtig, es handelt sich um bloße Aktaufnahmen». Aber noch einmal werden Bilder während einer Hausdurchsuchung bei ihm gefunden – dieses Mal acht Monate schwerer Kerker. Richter Gutjahr beschimpft ihn vor Gericht. Zusammen mit Staatsanwalt Dr. Werfer bezeichnet er ihn als «Mann mit dem Intelligenzniveau eines Sonderschülers, offensichtlich geistig beschränkt, aber voll verantwortlich...»

Kurz darauf verurteilt ihn Richter Weleba für ein Verhältnis mit einem dreiundzwanzigjährigen Mann zu sechs Monaten verschärften Kerkers. Als schließlich im Herbst 1969 Richter Daibner eine neue Haftstrafe von einem Jahr verhängt, äußern sich erstmals öffentliche Proteste. In der benachbarten Bundesrepublik Deutschland ist die Reform des Paragraphen 175 im Gange. Fast alle Zeitungen in Wien, Graz und Linz berichten kritisch über das Urteil. Von der kommunistischen «Volksstimme», die den ehemaligen Genossen jetzt in Schutz nimmt, bis zur bürgerlichen Presse wird eine Revision des Urteils verlangt, das zunächst noch vom bereits erwähnten Richter Dr. Lieberich, inzwischen am Obergericht tätig, bestätigt wird. Erich Lifka kann sich der Urteilsvollstreckung durch Flucht entziehen und hält sich vorübergehend versteckt. Endlich bringt der Generalprokurator von Österreich, der oberste Staatsanwalt des Landes, für ihn eine «Nichtigkeitsbeschwerde zur Wahrung des Gesetzes» ein. Das Urteil der Richter Daibner und Dr. Lieberich wird aufgehoben – Erich Lifka wird 1970 zum erstenmal freigesprochen.

1971 wird in Österreich der Sonderparagraph für Homosexuelle abgeschafft. Vor 1968 hatte Erich Lifkas Mutter in ihrem Testament eine Enterbung ihres Sohnes verfügt, weil er «einen unsittlichen Lebenswandel nach § 129 I b führt». Bei «unsittlichem Lebenswandel»

Erich Lifka (66) im Jahre 1990 in Wien.

sieht das Gesetz eine «Enterbung ohne Pflichtteil» vor. Nach dem Tode der Mutter und der Abschaffung des Sonderparagraphen klagt Erich Lifka gegen diesen Beschluß. Ohne Erfolg. Heute, über zwanzig Jahre danach, ist «unsittlicher Lebenswandel» als Enterbungsgrund gänzlich aus dem Familienrecht gestrichen. Das damalige Urteil bleibt trotzdem weiter gültig. Für eine neuerliche Klage fehlen ihm heute die Mittel.

In den siebziger Jahren beginnt Erich Lifka, bei den neu entstehenden Schwulen-Bewegungen mitzuarbeiten. In Hannover bietet man ihm die Stellung des Chefredakteurs der ersten deutschen, öffentlich verkauften Homosexuellen-Zeitschrift «Du & Ich» an. Wegen anderweitiger Verpflichtungen lehnt er ab.

Ohne Verbitterung begleitet Erich Lifka heute die Emanzipationsbestrebungen der Jüngeren:

«Abschließend möchte ich sagen, daß das, was erreicht wurde, ein Ansporn sein soll für das, was noch erreicht werden muß. Verlangt volle Entschädigung für die noch lebenden Opfer von Hitlers KZs, für die Männer, die in den deutschen Zuchthäusern und österreichischen Kerkern die besten Jahre ihres Lebens verloren haben! Verlangt gesellschaftliche Anerkennung in Bereichen wie Beruf, Wohnrecht, Sozialstrukturen!»

Kaum jemand weiß, daß Erich Lifka 1950 in Israel eine hohe Auszeichnung erfahren hat. Er selbst spricht selten darüber. Für seine jugendliche Widerstandstat als Siebzehnjähriger hat ihm die israelische Regierung die Auszeichnung «Gerechter unter den Völkern» verliehen, da durch diese Tat nachweislich jüdische Menschen vor dem Zugriff der Nazis gerettet wurden. Im «Wald der Gerechten» bei der Gedenkstätte Yad Vashem in Jerusalem ist ihm zu Ehren eine Zeder gepflanzt worden. Auf einer kleinen Tafel davor ist in Hebräisch zu lesen:

«Dies zu Ehren des Gerechten Erich Lifka aus Wien, der 1941 vielen Wiener Juden das Leben gerettet hat. Möge der Gerechte hundert Jahre leben!»

Quellen:

LIFKA, Erich: Freundesliebe. Aus dem Leben eines Homophilen. Frankfurt am Main/Berlin 1980.

LIFKA, Erich: Ein junger Rotarmist war mein Geliebter; u. a.: HOHMANN, Joachim S. (Hg.): Keine Zeit für gute Freunde – Homosexuelle in Deutschland 1933–1969, Berlin 1982.

HOHMANN, Joachim S.: Wer ist Erich Lifka? In: LIFKA 1980, a. a. O., S. 135–150.

«Was ich meinem ersten Freund verdanke...»

Stefan K., Jg. 1925, Warschau

Anfang 1989 schreibt Stefan K. an den deutschen Bundeskanzler. Freunde haben ihm berichtet, daß 1988 im Bundestag ein Härtefonds für die vergessenen Opfer der NS-Herrschaft eingerichtet worden sei. Stefan K. ist 1942 – mit 17 Jahren – nach Paragraph 175 von einem deutschen Gericht im besetzten Polen verurteilt worden. Strafverschärfend wurde bewertet, daß er eine Beziehung zu einem nur wenig älteren deutschen Soldaten hatte.

Monatelang erhält er keine Antwort. Obwohl es ihm gesundheitlich schlecht geht, gibt er nicht gleich auf. Weitere Briefe an die GRÜNEN sowie an verschiedene Stiftungen werden von ihm auf den Weg gebracht. Die GRÜNEN antworten im Juli 1989 zuerst: «So hart es klingen mag, auf juristischem Weg können wir für Sie derzeit nichts unternehmen. Der einzige Weg, der uns bleibt, ist, in unserer politischen Arbeit weiter auf diese ungeheuerliche Ungerechtigkeit hinzuweisen...»

Er wird informiert, daß er aus der von der Bundesregierung zur «endgültigen Abschlußregelung» im Entschädigungsbereich deklarierten Härteregelung von 1988 für die vergessenen Opfer gleich mehrfach herausfällt: Nur deutsche Staatsbürger sind anspruchsberechtigt. Anträge polnischer Staatsbürger – hier ist vor allem an die große Zahl noch auf Entschädigung wartender polnischer Zwangsarbeiter zu denken – werden prinzipiell nicht bearbeitet. Und nach einer immer noch gültigen Entscheidung des Bundesverfassungsgerichts von 1957 ist der Paragraph 175 «ordnungsgemäß zustande gekommen», und danach Verurteilte sind nicht in jedem Fall als zu Unrecht Verfolgte einzustufen.

Der Chef des Bundeskanzleramtes leitet Stefans Brief schließlich im September 1989 kommentarlos an das Bundesfinanzministerium weiter. Von hier aus wird ihm im November 1989 mitgeteilt, daß «seitens der Bundesrepublik Deutschland die gewünschte Entschädigung nicht gewährt werden kann, weil es an den gesetzlichen und völkerrechtlichen Voraussetzungen dafür fehlt. Ansprüche ausländischer Staatsangehöriger aufgrund von Schäden oder Verlusten aus dem Krieg können nach allgemeinem Völkerrecht nicht unmittelbar gegen den verantwortlichen Staat erhoben werden. Es ist vielmehr Sache des Heimatstaates, insoweit Regelungen zu treffen.»

Alle Versuche, in Polen eine bescheidene Erhöhung seiner Rente wegen der erlittenen NS-Haft zu bekommen, sind bislang daran gescheitert, daß er nicht in der Lage war, die genaue Dauer seiner Haft mit deutschen Dokumenten zu belegen. Dieses Schicksal teilt er mit Hunderttausenden anderer Häftlinge, die froh waren, überhaupt überlebt zu haben, aber von denen kaum jemand vollständige Entlassungspapiere erhalten hatte. Hinzu kam über Jahrzehnte, daß der wahre Inhaftierungsgrund ihn in Polen ohnehin von jeder Sozialregelung ausgeschlossen hätte.

Im Dezember 1989 schreibt Stefan K. erneut an das Bundeskanzleramt: «Ist das überhaupt menschlich, daß ich – am Ende meines Lebens – für soviel Leiden, Folter und dauernden Gesundheitsverlust gar keine (wenigstens symbolische) Entschädigung bekomme? Sie müssen daran denken, daß ich meine Jugendjahre in mehreren NS-Straflagern verbringen mußte. Was ich dort erlebt habe vom 19. September 1942 bis zum Mai 1945, läßt sich hier gar nicht alles in Worte fassen. Bis heute leide ich an verschiedenen Krankheiten und kann sofort die ärztlichen Zeugnisse hierüber vorlegen. Ich müßte doch wenigstens für die ärztliche Behandlung und die viele Arznei – die ich ständig brauche – etwas bekommen...»

Um eventuell in den Besitz seiner Gefangenen-Personalakte zu gelangen, fragt Stefan K. wenig später beim Internationalen Suchdienst in Arolsen an. Hier muß mit einer Bearbeitungszeit von etwa zwei Jahren gerechnet werden. Sein formeller Einspruch gegen den ablehnenden Bescheid des Bundesfinanzministeriums wird ein halbes Jahr später – im Juni 1990 – mit einer verärgerten Mahnung in vier Sätzen beantwortet, die mit dem Hinweis enden, daß er «von weiteren Eingaben absehen» solle, da «die Rechtslage unverändert fortbesteht».

Was hat Stefan K. in den Jahren der deutschen Besatzung erlebt? Woher nimmt er heute, als siebenundsechzigjähriger Mann, die Kraft, für seine Anerkennung als NS-verfolgter Homosexueller zu kämpfen?

Im Juni 1939 hat der damals vierzehnjährige Sohn eines Eisenbahnarbeiters gerade die 7. Volksschulklasse in der polnischen Stadt Toruń absolviert und bereitet sich nun auf die Prüfung für das dortige Gymnasium vor. Stefan besteht die Aufnahmeprüfung. Vom wenigen Geld kaufen ihm seine Eltern die damals obligatorische Schuluniform für Gymnasiasten. Doch bevor das neue Schuljahr beginnt, wird am 1. September der Zweite Weltkrieg entfacht. Polnischen Kindern wird kurz darauf von der deutschen Besatzung der Besuch aller höheren Schulen verboten. Stefan findet eine Stelle als Laufbursche bei einem Bäcker.

Doch auch seine übrige Familie bekommt die Besatzung unmittelbar zu spüren: Stefans Vater wird zur Zwangsarbeit nach Deutschland verschleppt. Bisher wohnte die Familie in einer einfachen, aber geräumigen Eisenbahnerwohnung. Jetzt wird dieses Zuhause von der Wehrmacht beschlagnahmt, und die Mutter muß mit ihren fünf Kindern in ein einziges Zimmer mit Außentoilette an den Stadtrand ziehen. Doch Stefan hat bei allem fast noch Glück: Dadurch, daß er bei einem deutschen Bäcker tätig ist, wird er vor einer Verschleppung zur Zwangsarbeit bewahrt.

Unter diesen Bedingungen kann sich Stefan trotzdem noch einen kleinen Traum erfüllen: Da er seit frühester Kindheit gern singt, bewirbt er sich beim Stadttheater als Chorsänger – und wird angenommen. Seine neue Nebentätigkeit hat einen weiteren Vorteil: Er erhält einen sogenannten Nachtpassierschein, mit dem er bis Mitternacht auf der Straße sein darf. Allen Polen ist sonst untersagt, sich nach 20 Uhr noch auf der Straße aufzuhalten. Im Theater lernt Stefan eine neue Welt kennen: Es gibt dort «so schöne und feine Menschen» – und er spürt zum erstenmal bewußt, wie sich seine Blicke vor allem auf andere Männer richten. Stefan, inzwischen 16 Jahre alt, erlebt «erste Abenteuer»: «Mein Leben wurde etwas bunter – und das war so wichtig für einen jungen Menschen im sonst so bedrückenden Alltag.»

Am 4. November 1941 – «gegen 22 Uhr» – begegnet ihm schließlich seine «erste große Liebe» – ausgerechnet ein junger Soldat der deutschen Wehrmacht:

«Er stammte eigentlich aus Österreich, war etwa Anfang zwanzig und sehr männlich. Ich traf ihn im Zentrum der Stadt. Er hatte sich umgedreht, sah mich ein paarmal bedeutungsvoll an und lächelte. Natürlich traute ich mich als Pole nicht, ihn zuerst anzusprechen. Er lud mich dann zu einem Kaffee ein. Er hatte gedacht, ich sei Deutscher, weil ich noch so spät auf der Straße war. Als er dann später merkte, daß ich Pole bin, sagte er, daß das doch nichts machen würde. Er war so lieb und gut zu mir, daß mir von Anfang an alles gefiel...»

Da beide ihre Liebe zueinander geheimhalten müssen, treffen sie sich regelmäßig in verschiedenen Ruinen und Scheunen der Umgebung. «Das wunderbare Leben» dauert bis zum Frühjahr 1942: «Eines Tages, Mitte April, sagte er zu mir, daß er zur Ostfront geschickt wird. Wir waren beide so traurig. Er bat mich um Gebete für ihn, damit er bald gesund zurückkäme und wir wieder glücklich miteinander sein könnten. Er sagte, daß der Krieg bestimmt bald zu Ende sei und er mir dann helfen wolle, damit ich eingedeutscht würde und dann mit ihm nach Deutschland gehen könnte. Es war ein so schwerer Abschied...»

Stefan kann den jungen Soldaten nicht vergessen. Er wartet jeden Tag auf Post von ihm. Nach zwei Monaten hält er es einfach nicht mehr aus und schreibt ihm einen Brief an eine zentrale Wehrmachtsanschrift für Soldaten an der Ostfront. Der siebzehnjährige Stefan schreibt:

«Lieber Willi,
so lange habe ich von Dir gar keine Nachricht. Ich mache mir so viele Gedanken darüber. Du fehlst mir so sehr. Ich denke jeden Tag an Dich. Ich bin ständig mit Gedanken bei Dir. Ich bete jeden Tag, damit Du gesund wieder zurückkehrst.
Ich arbeite wie vorher auch im Theater, aber ich gehe nirgends aus. Auch nicht dort, wo wir uns getroffen haben. Ich bin Dir einfach treu und will es

mein ganzes Leben lang bleiben. Bitte, schreibe mir so schnell wie möglich, damit ich beruhigt sein kann. Ich kann nicht schlafen. Ich denke immer nur an Dich. Ich grüße und küsse Dich.»

Stefan erhält keine Antwort. Da er sicher ist, daß ihn sein Freund nicht vergessen hat, nimmt die Angst zu, daß dieser vielleicht schwer verwundet oder gar gefallen sein könnte. Am 19. September 1942 erhält Stefans Chef einen Anruf von der örtlichen Geheimen Staatspolizei mit der Aufforderung, Stefan sofort zur Gestapo-Zentrale zu schicken. Stefan geht zunächst ohne Befürchtungen hin und vermutet irgendeine Zeugenbefragung. Bei der Gestapo zeigt der vernehmende Beamte dem Jungen denselben Brief, den dieser Wochen zuvor an seinen Freund gesandt hatte. Ihm wird mitgeteilt, daß er ab sofort nach Paragraph 175 verhaftet sei.

Die erste Nacht allein in der Zelle ist schrecklich genug, aber es soll noch schlimmer kommen. Am nächsten Morgen beginnt zunächst eine ausführliche Vernehmung, bei der Stefan seine Liebe zu Willi ehrlich gesteht und auch auf alle Nachfragen wahrheitsgemäß antwortet. Die Beamten betonen, daß er dadurch am ehesten wieder frei käme. Schließlich werden ihm Fotos von allen möglichen Männern vorgelegt und von ihm verlangt, daß er die ihm Unbekannten denunziert. Als der Junge sich das erste Mal weigert, wird er vom Stuhl geschleudert und geschlagen. Als er erneut betont, daß er nur die Wahrheit sagen will, muß er seine Hose ausziehen und sich mit bloßem Unterkörper über den Tisch beugen. Dann schlagen zwei Gestapo-Leute mit Riemen und Gürteln so lange auf ihn ein, bis er bewußtlos zu Boden stürzt. Mit Eimern kalten Wassers bringen sie ihn wieder zu Bewußtsein und schreien ihn so an, daß er bis heute ihre Stimmen hört: «Du schwule Sau, du polnisches Schwein, du Arschficker, du Scheiße...!»

Diese Folter dauert zwölf Tage. Schließlich sagt Stefan nur noch «ja, ja, ja zu allem». Er unterschreibt ein Geständnis, das er nie gelesen hat. Doch immerhin: Unmittelbar nach Unterzeichnung wird er in das Staatsgefängnis von Toruń (jetzt auf deutsch: Thorn) mit für damalige Verhältnisse normalen Haftbedingungen verlegt. Mitte

Dezember 1942 wird Stefan vom deutschen Gericht in Thorn zu 5 Jahren Zuchthausstrafe wegen Vergehen nach Paragraph 175 verurteilt. Es ist kein Publikum im Gerichtssaal. Nur seine Mutter ist gekommen. Beide weinen, als sie sich sehen. Sprechen dürfen sie kein Wort miteinander. Von Anfang bis Ende 1943 sitzt Stefan im berüchtigten Zuchthaus von Kronow/Crone unter Schwerverbrechern, die den «Schwulen» zunächst als besonderen «Untermenschen» betrachten und schikanieren. Da jedoch nur alle zwei Monate Briefe in deutscher Sprache nach Hause gesandt werden dürfen und Stefan als einer von wenigen deutsch schreiben kann, gelingt es ihm allmählich, einige Anerkennung zu erringen.

Anfang 1944 wird er in das etwas bessere Gefängnis Stuhm verlegt, wo er sofort in die Krankenabteilung kommt. Aufgrund der schlechten Ernährung hat er an einem Bein schwer eiternde Entzündungen, die sich immer mehr ausbreiten. Da Medikamente fehlen, gibt es kaum Besserung. Trotzdem bedeuten die paar Wochen auf der Krankenstation so etwas wie «Erholung». Schließlich muß er erneut in ein Arbeitskommando: Gräben ausheben gegen die vorrückende Sowjetarmee. Wegen des Paragraphen 175 wird er hier jeweils abends in eine Einzelzelle gesperrt. An der Außenseite der Zellentür ein Schild: «Unzucht mit Tieren».

Nachdem die Gräben fertig sind, wird er mit einigen anderen Gefangenen in ein Barackenlager bei Graudenz gebracht. Als die Russen erneut näher kommen, erfolgt eine weitere Verlegung nach Westen. Zwei Wochen müssen die geschwächten Gefangenen im Januar 1945 durch Schnee und Eis marschieren. Stefans Transport gelangt schließlich Anfang Februar 1945 auf die Jugend-Gefängnis-Insel Hahnöfersand bei Hamburg. Ende April 1945 kann er in den Wirren der letzten Kriegstage mit einer Gruppe Jungen von der Insel flüchten. Auf abenteuerlichen Wegen gelingt es ihm, trotz schwerer Krankheit bis nach München zu kommen, wo er sich bei einem Flüchtlingslager der Vereinten Nationen meldet. Er wird dort aufgenommen als «displaced person» unter der Nummer G 03 247 480 und sogleich in die Krankenabteilung gebracht. Ab Oktober 1945 ist er wieder soweit bei Kräften, daß er bei den Amerikanern in einer Kantine mithelfen kann; später, bis zum Sommer 1947, arbeitet er in einem Offiziersklub in Dachau, nicht weit entfernt vom ehemaligen Konzentrationslager.

Im Juni 1947 fühlt er sich körperlich gesund genug, um nach Polen zurückreisen zu können. Seine Mutter, die überlebt hat, wünscht sich nichts sehnlicher, als ihren Sohn wiederzusehen.

«Obwohl sich meine Gefühle für Willi nicht geändert hatten, traute ich mich damals einfach nicht, weiter nach seinem Schicksal zu forschen», sagt Stefan heute. «Ich hatte vor allem auch Angst, mit der möglichen Tatsache konfrontiert zu werden, daß mein Brief – geschrieben in der verliebten Naivität eines Siebzehnjährigen – ihn den Nazis ans Messer geliefert hat. Es ist natürlich auch vorstellbar, daß er gefallen ist und man den Brief in seiner persönlichen Habe gefunden hat. Aber der erste Gedanke meiner persönlichen Mitschuld belastet mich doch bis heute...»

Dem gegenüber steht die ungebrochene Erfahrung einer «glücklichen ersten Liebe»: «Willi, meinem ersten richtigen Freund, verdanke ich bis heute, daß ich meine Liebesgefühle als etwas Schönes erleben konnte. Es hat mich getragen und gestärkt in all den Jahren des Stalinismus in Polen, in denen ich über den Grund meiner NS-Haft nie mit jemandem reden konnte und in denen ich als Homosexueller gezwungen war, ein beständiges Doppelleben zu führen.

Immerhin gelang es mir noch, das Abitur nachzuholen und ein Universitätsstudium zu absolvieren. Meinen Beruf als Ökonom konnte ich jedoch nie in der Position ausüben, die mir eigentlich von der Ausbildung her zugestanden hätte. 1980 wurde ich mit 55 Jahren aus gesundheitlichen Gründen, die überwiegend aus der NS-Haft resultierten, mit reduzierter Rente vorzeitig in den Ruhestand geschickt.

In all den Jahren habe ich Willi nicht vergessen können. Ich verdanke ihm die Erfahrung, daß man als homosexueller Mensch trotz widrigster äußerer Bedingungen im Herzen glücklich und im Bewußtsein stolz sein kann...»

Über die Lebensgeschichte von Stefan K. ist inzwischen ein Jugendbuch in deutscher Sprache erschienen. Stefan K. hat an diesem

Stefan K. (11) im Jahre 1936 in der »Breiten Straße« gegenüber dem alten Rathaus von Toruń.

Buch über Monate intensiv mitgearbeitet: ausführliche Schilderungen zur Verfügung gestellt, Vollmachten erteilt zur Suche nach persönlichen Akten in deutschen Archiven, das gesamte Manuskript Kapitel für Kapitel gegengelesen – und schließlich sich aktiv daran beteiligt, Unterlagen über das Schicksal seines Geliebten Willi G. in deutschen Militärarchiven in Freiburg und Aachen aufzuspüren.

Während die Suche nach Willi G. bis heute erfolglos geblieben ist, konnte im Hamburger Strafvollzugsamt inzwischen Stefans Gefangenen-Karteikarte gefunden werden. Die zuständige Justizbehörde stellte ihm daraufhin eine Bescheinigung über die dort vermerkte Haftzeit aus, die auf den Tag genau mit den von ihm gemachten Angaben übereinstimmt. Mit dieser Bescheinigung konnte er in Warschau bei der dortigen Sozialbehörde eine Erhöhung seiner Rente

**Stefan K. (16), im Juli 1941 auf einem Ausflug in der Umgebung
von Toruń, das jetzt Thorn hieß.**

durchsetzen, da endlich die Jahre der Haft mit angerechnet wurden –
eine geringe Summe, für ihn aber doch eine lang entbehrte Form
minimaler Anerkennung.

Im Herbst 1990 gründete sich im Hamburger Magnus-Hirschfeld-
Zentrum eine Initiative, um Stefan K. in seiner Antragstellung bei
Behörden, aber auch durch konkrete Geldsammlungen zu unterstüt-
zen. Mehrere Berichte in Rundfunk und Presse erschienen und einige
tausend Mark konnten als Spende für seine medizinische Behandlung
überwiesen werden. Mitte Dezember 1990 mußte Stefan K. schließlich einen mehrfach verschobenen Operationstermin in der Warschauer Universitätsklinik wahrnehmen. Die Operation verlief unter
den gegebenen Umständen erfolgreich, bestimmte permanente
Schmerzen konnten eingedämmt werden.

Inzwischen erreichen ihn ab und zu Briefe von Leserinnen und Lesern seines Buches, die über die Verlagsredaktion bzw. den Autor an ihn weitergeleitet werden. Noch immer hat das Sprechen über die eigene Geschichte etwas Befreiendes – trotz der nicht selten auch schmerzhaften Arbeit des ehrlichen Erinnerns. Einem jungen Leser schreibt Stefan K. im August 1991:

«Es ist schon auch schwer, besonders jetzt, wenn alles frisch aufgetaucht ist. Ich bedaure trotzdem, daß ich so lange schweigen mußte, daß alles in meinem Herzen lag – nicht mal die engsten Freunde wußten über mein Schicksal... Aber ich habe jetzt nichts mehr zu verstecken. Es ist jetzt ans Licht gebracht, und es ist leichter für mich.»

Die politischen Entwicklungen in Polen und Deutschland nimmt er aufmerksam und mit Engagement wahr. Am Ende seines Nachwortes im Jugendbuch schreibt er:

«Inzwischen ist mir auch über meinen persönlichen Fall hinaus wichtig geworden, daß Menschen in allen Ländern dieser Welt endlich begreifen, daß es immer ein Verbrechen ist, Liebe zu bestrafen und Gewalt zu tolerieren. Allein umgekehrt macht es doch einen Sinn.»

Den lange von ihm gehegten Plan, noch einmal Deutschland zu besuchen, beurteilt er angesichts polenfeindlicher Äußerungen gerade in den neuen Bundesländern eher skeptisch: «Ich bin schockiert über die Vorfälle an der deutsch-polnischen Grenze, nachdem Anfang April 1991 die Visumpflicht zwischen beiden Ländern abgeschafft worden ist. Ich habe gesehen, wie junge Rechtsextremisten einen Bus mit polnischen Musikern, die von einer Tournee aus Holland kamen, mit Steinen beworfen haben. Einige sind ernsthaft verletzt worden. Warum dieser Haß einiger junger Deutscher gegenüber uns Polen? Müßte ich nicht derjenige sein, der haßt? Aber Haß ist doch keine Lösung für irgend etwas! Ich weiß, daß nicht alle jungen Deutschen so handeln. Trotzdem würde ich es wohl nicht aushalten, an der Grenze beschimpft oder gar verprügelt zu werden...

Dabei fällt mir noch ein, wie damals DDR-Bürger kurz vor der

Maueröffnung, 1989, nach Warschau geflüchtet waren und von hier mit Flugzeugen in die Bundesrepublik fliegen konnten. Da habe ich einmal ein Transparent in deutscher und polnischer Sprache gesehen: ‹Wir danken Warschau für alles!› stand dort zu lesen. Dank ist nicht notwendig für normale Menschlichkeit. Es wäre schon viel gewonnen, wenn das Vergessen der Menschen nicht so schnell ginge...»

Quellen:

van DICK, Lutz: Verdammt starke Liebe. Eine wahre Geschichte (rotfuchs-Jugendbuch ab 14 Jahre), Reinbek bei Hamburg 1991.

Ein erfülltes Leben

Begegnungen mit alten schwulen Männern

> «Hier verstreicht nicht ein Leben,
> hier bereichert sich eines
> an jedem weiteren Tag und Jahr.»
>
> Detlev MEYER (1991)
> über einen sechsundacht-
> zigjährigen schwulen Mann.

Es ist eine lange, umständliche Fahrt zu Herrn K. Die Visumpflicht an der polnischen Grenze besteht noch. Endlich kann der Zug nach ausgiebigen Kontrollen bei Frankfurt an der Oder passieren. Wir haben uns vorher nie gesehen. Fotos mochte er nicht schicken. «Ist schon so viel verlorengegangen...», schrieb er.

Wir verabreden uns klassisch: Er trägt eine helle Winterjacke und eine Zeitung unter dem Arm, ich werde meinen dunklen, langen Mantel anhaben. Dann kommt alles anders: Mein Mantel wird unmittelbar vor der Abreise beschmutzt und geht in die Reinigung. Herr K. hat, wie er später gesteht, völlig vergessen, eine Zeitung zu kaufen. Dafür hat er einen langen Mantel an.

Der Zug läuft im Warschauer Zentralbahnhof ein. In dem Moment, als ich aus der Bahn steige, kommt ein älterer Herr winkend auf mich zu. Ohne Zögern erkennen wir uns im Menschengewühl. «Was für ein Zufall!» sage ich erfreut, als wir uns vorstellen. «Nein», antwortet er, «ich kann mich auf mein Gefühl verlassen!» Er sagt es ganz bescheiden.

Bei sich daheim erzählt er mir, was ich aus seinen zahlreichen Briefen schon weiß: von seiner Liebe zu seinem ersten Freund, von seiner ersten Liebe zu einem Mann. Ich kenne die Fakten: Ort der ersten Begegnung, politische Situation im besetzten Polen in den Jahren 1942/43, habe zusätzlich in geographischen und historischen Fachbüchern Details über seine Heimatstadt Toruń nachgeschlagen. Schließlich ist bereits in mehreren Archiven die Genauigkeit des zugänglichen Teils seiner Angaben überprüft.

All dieses Wissen wird jetzt in der persönlichen Begegnung von einer überwältigenden Erfahrung in seine Schranken verwiesen: Herr K. berichtet nicht nur von seiner ersten Liebe. Was er mir vermittelt, ist eine Botschaft viel tiefgreifenderer, beinahe universeller Bedeutsamkeit: Herr K. erzählt mir vom Glück mit jenem schönen jungen Mann, der zu den Todfeinden gehörte, von ihrem Liebesversteck, dessen Entdeckung für beide Folgen gehabt hätte, die er selbst später in schrecklichsten Ansätzen noch erfahren wird – und während er erzählt, eindringlich, atemlos und doch in sich ruhend, spricht er über viel mehr als seine erste Liebe. Herr K. spricht darüber, daß Liebe – trotz allem, was Menschen an Unmenschlichem ersinnen können – möglich ist.

Aber wie war es bei Herrn B.? Waren ihm die Schrecken der Verfolgung – trotz seiner einzigen Liebe, die er ausgerechnet in einem Mithäftling während der KZ-Zeit fand – nicht so sehr in die Seele gebrannt, daß er geduckt für den Rest seines Lebens blieb? Ist der ganze Titel des Buches nicht ein verharmlosender Zynismus? – «Ein erfülltes Leben» – nach der Erfahrung von Auschwitz? Und selbst wenn es eine Handvoll Ausnahmen gibt, die all das überlebt haben und wie durch ein Wunder nicht daran zerbrochen sind – was berechtigt dazu, mit diesen Raritäten ein Motto zu prägen?

Unabhängig vom Ausmaß der Verwundung gibt es einen zweiten Tatbestand bei alten schwulen Männern (mit Ausnahme des 1943 ermordeten Willem ARONDEUS), die in diesem Buch vorgestellt werden[1]: Es mag sein, daß sie bis heute gesundheitliche Folgen der erlittenen Unterdrückung ertragen müssen wie Herr K. oder psychische Narben erkennbar sind wie bei Herrn B. – und doch gilt für alle: Ihre Liebesgefühle wurden immer als positiv erlebt, zuweilen waren sie der einzige Kraftquell, der alles andere aushalten ließ und ohne den ihre Identität fundamental deformiert worden wäre. Denn – und das ist die zweite bedeutsame Erfahrung

– ihre schwule Liebe ist irgendwann von ihnen als selbstverständlich angenommen worden. Während unserer Gespräche, während aller Begegnungen ist ihre Liebe zu Männern eine Selbstverständlichkeit – das Un-Verständliche ist allein die Brutalität, mit der diese Liebe verfolgt wurde.

Es wird nicht behauptet, daß dies allen Menschen gelingt, die etwas Eigenes bei sich entdecken. Es ist fraglos ein schwieriger, keineswegs ungefährlicher Prozeß. Nur, zu ihm scheint es keine Alternative zu geben, wenn die Erfahrung, anders zu sein, als Chance begriffen werden soll: Das nicht Selbstverständliche wird niemandem geschenkt, aber wer es trotz allem irgendwann als selbstverständlichen Bestandteil der eigenen Persönlichkeit zu leben vermag, kann – so die Essenz aller biographischen Berichte dieses Buches – Glückserfahrungen machen, die eigene Bewußtheit und Würde ausstrahlen.

Vielleicht bedarf es dazu gar nicht des Fokus der NS-Zeit, um den Zusammenhang zu veranschaulichen zwischen Diskriminierung und Selbstbehauptung – zwischen normierter Gewalt und der Notwendigkeit, zu den eigenen Gefühlen zu stehen, wenn der Gewalt widerstanden werden soll, ja wenn überhaupt eine Selbstzerstörung verhindert werden soll. Die Toleranz von Gewalt und die Verachtung von Liebe, wie immer sie sich auch artikulieren mag, ist weiß Gott nicht auf diese historische Periode beschränkt. Allein die Gegensätze sind hier wie durch ein Brennglas besonders scharf wahrnehmbar. Und es ist ein Teil unserer Geschichte.

Sich mit der eigenen Geschichte auseinanderzusetzen kann etwas ebenso «Heilendes» haben, wie zu den eigenen Gefühlen zu stehen. Auf die psychosomatischen Folgen der Verdrängung – der «Unfähigkeit zu trauern» – haben bald nach 1945 in bezug auf die Bevölkerungsmehrheit schon psychologisch geschulte Mediziner wie Alexander MITSCHERLICH und andere hingewiesen. Welche gesundheitlichen Folgen es für Minderheiten haben kann, die eigene Geschichte nicht zu kennen und sich mit ihr nicht bewußt auseinanderzusetzen, ist weitgehend unerforscht[2].

Die Behauptung jedoch ist nicht von der Hand zu weisen, daß jemand, der nicht über seine eigene Geschichte verfügt – biographisch wie historisch – es ungleich schwerer hat, seine Gegenwart bewußt und selbstbewußt zu gestalten. Und dies scheint für viele Minderheiten zu gelten: daß sie ihrer Geschichte enteignet wurden, daß sie verleugnet wird wie die aktuelle Existenz derjenigen, die sie überlebt haben[3].

Wenn AIDS gegenwärtig mißbräuchlich als Metapher für eine, ja für die «Schwulenkrankheit» benutzt wurde und wird, dann ist dies ein Ausdruck jener gesundheitsschädigenden Verdrängung. Gesundheitsschädigend deshalb, weil aus dem Blick geraten ist, daß solche Zuschreibungen selbst krankmachend sind und daß es einer zusätzlichen Anstrengung bedarf, um immer neue Resistenzen dagegen zu entwickeln.

Resistent sein, widerstehen – es scheint ein Schlüssel für psychische wie physische Gesundheit zu sein. AIDS ist nur in der öffentlichen Diskussion, weil sich Mehrheiten gefährdet fühlen. Das öffentliche Interesse – und damit auch Zuwendung und Geld – verschwindet, sobald die Bedrohung auf Minderheiten zurückgestuft scheint. Entsprechend war zu Hochzeiten der AIDS-Auseinandersetzung die Argumentation geprägt: Sensationsinteresse und Schuldzuschreibungen überwiegen bei weitem Einfühlung und differenzierte Wahrnehmung. Es genügt, die Krankheit einzugrenzen – die Ausgegrenzten sollen sehen, wie sie klarkommen. Die psychosomatischen Folgen, die Diskriminierungen darüber hinaus bei Minderheiten bewirken, interessieren in der Regel nicht, ja eine Thematisierung des Zusammenhangs allein ist tabu.

Noch ein zweiter tabuisierter Bereich wird mit diesen Texten berührt – das Alter. Es scheint bei schwulen Männern eher als bei anderen zu beginnen. Die «Schallmauer» soll bei 35 liegen. Spätestens für «Schwule ab 40» werden, sicher nicht zu Unrecht, unterschiedliche Selbsthilfegruppen angeboten.

Im Programm des Schwulen-Tagungshauses «Waldschlößchen» bei Göttingen wird eine solche Gruppe wie folgt angekündigt: «Als schwuler Mann älter zu werden, dazu bedarf es noch immer viel Überwindung, um dies mit der berühmten ‹Würde› zu schaffen. Die

Attraktivität läßt oft früher nach, als es die Szene erlaubt. Beziehungen sind nicht immer die befriedigendste Lösung, um dem drohenden Alleinsein entgegenzuwirken, der Elan, sich auf neue Männer und Situationen einzulassen, läßt nach... Älterwerden und Schwulsein, die Vorbilder müssen erst noch geschaffen werden, die Beispiele für zufriedenes Älterwerden als schwuler Mann sind bisher dünn gesät. Andererseits betrifft das Alter über 40 heute immer mehr schwule Männer, die in ihrer bisherigen Laufbahn durchaus offen, lustvoll und selbstbewußt lebten...»

Vielleicht ist es angebracht, eine Unterscheidung von schwuler Midlife-crisis und wirklichem Alter einzuführen. Während die Krise «um 40» angesichts eines potenzierten Jugendkults in einer überwiegend sexuell orientierten Szene, die vermutlich auch für viele Jüngere nicht ohne Stress ist, fraglos psychische Konflikte mit sich bringen kann, ist demgegenüber eine neue Sicht alter schwuler Männer mehr als überfällig.

Alle vorliegenden Untersuchungen belegen unzweideutig, daß das Stereotyp des «vereinsamten alten Schwulen» eher Stabilisierungswünschen des Kontra-Stereotyps der «lebenslangen glücklichen Ehe» entspricht als der Realität. Für die die US-amerikanische Situation weisen sowohl Raymond Berger (1982) als auch Keith Vacha (1985) nach, daß die Lebenssituationen alter schwuler Männer sich nicht prinzipiell besser oder schlechter darstellen als die anderer alter Männer. Im Gegenteil, so Keith Vacha, ist häufiger zu beobachten, daß schwule Männer, die ihr Leben lang bereits trainieren mußten, sich in einer «Abseitsrolle» zu behaupten, mit der gesellschaftlichen Ausgrenzung des Alters erfahrener, ja professioneller umgehen als alte heterosexuelle Männer und Frauen.

Für die Situation in der Bundesrepublik Deutschland hat Siegfried ESSMANN (1987) diese Befunde in seiner Studie noch vertieft und differenziert: «Wenn man die Aussagen der befragten alten homosexuellen Männer mit Aussagen anderer alter Menschen vergleicht, kann man sehr viel Ähnlichkeiten in den Aussagen feststellen. Vergleicht man Untersuchungen über Ehen oder andere Partnerschaften von heterosexuellen Menschen mit den Aussagen der befragten

Männer über ihre homosexuellen Partnerschaften oder Partnerschaftswünsche, kann man wiederum viele Ähnlichkeiten zwischen den heterosexuellen und homosexuellen Menschen erkennen.» (S. 88)

Ein Unterschied besteht freilich im Erleben der verschiedenen historischen Phasen der Verfolgung. Bei weit mehr als der Hälfte der befragten schwulen Männer schien es bis 1969, bis zur ersten Reform des Paragraphen 175, unausweichlich, eine Ehe einzugehen. Knapp ein Drittel von ihnen hat es trotzdem geschafft, mit der Ehepartnerin eine positive freundschaftliche Beziehung aufzubauen. Bei niemandem hat dies zu einem Schwinden schwuler Gefühle geführt.

So kommt es, daß in der heutigen Generation schwuler alter Männer manche ihr Coming out und als dauerhaft glücklich erlebte schwule Beziehungen erst in einer späten, manchmal sogar letzten Lebensphase erleben: «Einige der befragten Männer haben erst mit 60 oder 70 Jahren angefangen, eine Partnerschaft mit einem Mann zu leben. Diese Männer sind oft selbst überrascht, welche neuen Erfahrungen sie in dieser Partnerschaft machen, wie lernfähig sie sind und welche Fähigkeiten in ihnen selbst stecken. Einige der befragten Männer haben zum erstenmal das Gefühl, auf einen Menschen eingehen zu können und einen anderen Menschen als gleichberechtigten Partner wahrzunehmen.» (ESSMANN, 1987, S. 87)

Dabei wird nicht übersehen, daß spezifische Diskriminierungsmaßnahmen im Alter besondere Ausprägungen erfahren: Erbrecht und andere Vergünstigungen gegenüber juristisch abgesicherten Verwandtschaftsbeziehungen können noch einmal die Notwendigkeit besonderer Anstrengungen mit sich bringen. Andererseits berichten alte homosexuelle Männer und Frauen, daß – ironischerweise weil mit Alter nicht selten unzulässig Asexualität assoziiert wird – ein Zusammenwohnen gleichgeschlechtlicher Menschen (zum Beispiel auch in Altersheimen, wo eine eigene soziale Kontrolle wirkt) häufig unproblematischer ist als für nichtverheiratete heterosexuelle Beziehungen.

Zwei bedeutsame Erfahrungen: Liebe ist möglich – und schwule Liebe ist etwas Selbstverständliches. Die zutreffende Empfindung, wie wenig davon bisher Alltagserfahrung ist und wieviel davon immer wieder zum Anlaß für ungeheuer aufwendige Bemühungen genommen wird, das Gegenteil zu beweisen, kann uns gleichermaßen mutig und gelassen machen. Das Gegenteil – daß Liebe und all ihre Ausprägungen vernichtet werden könnten – wird nie möglich sein. Es wäre das Ende dieser Welt.

Für David F. ist deutsche Literatur vom Beginn dieses Jahrhunderts etwas, das er stundenlang auswendig zu rezitieren wußte. Leider, so klagt er, gibt es in England so wenig Freunde, mit denen er diese Leidenschaft teilen konnte. Einmal überrascht er mit dem Gedicht eines zeitgenössischen Dichters, exilierter Jude in England wie er selbst. David F. sagt über Erich FRIED: «Er war ein ganzes Stück jünger als ich und vielleicht deshalb auch politisch immer viel radikaler. An sein Gedicht mit dem Titel ‹Bevor ich sterbe› muß ich in jüngster Zeit öfter denken. Nicht weil ich selbst in absehbarer Zeit sterben werde, sondern weil es gut zu den Texten in deinem Buch paßt.» Ich mag ihm gern recht geben.

> BEVOR ICH STERBE
> Noch einmal sprechen
> von der Wärme des Lebens
> damit doch einige wissen:
> Es ist nicht warm
> aber es könnte warm sein
>
> Bevor ich sterbe
> noch einmal sprechen
> von Liebe
> damit doch einige sagen:
> Das gab es
> das muß es geben
>
> Noch einmal sprechen
> vom Glück der Hoffnung auf
> Glück
> damit doch einige fragen:
> Was war das?
> Wann kommt es wieder?
>
> Erich FRIED (1921–1988)

Anmerkungen:

1 Als Kriterium der Auswahl galt: Männer, die sich in der NS-Zeit selbst als homosexuell begriffen haben und ein Ausmaß an Selbstakzeptanz aufwiesen, das – trotz der extrem schwierigen Lebenssituation – sowohl der Verrat an der eigenen Identität (Selbsthaß) als auch an anderen (Denunziation) zu vermeiden suchte.
Daß dieses an sich emanzipatorische Verhalten nicht prinzipiell davor schützte, auch Sympathien für NS-Gedankengut zu haben oder auch selbst Nazi zu werden, ist ein durch andere Biographien – von denen die des SA-Stabschefs Ernst Röhm wohl die bekannteste ist – nicht zu leugnender Tatbestand. Davon bleibt die Problematik des «homosexuellen Nazis» als politisch mißbrauchtes Denunziationsinstrument zunächst unberührt. Es gab und gibt schwule Männer eben einfach überall. Homosexualität allein ist nicht identitätsstiftend. Wohl aber der bewußte (oder unbewußte) Umgang mit ihr.

2 Neben den in jüngster Zeit erschienenen Studien über die Situation homosexueller Männer in der NS-Zeit von Hans-Georg STÜMKE (1989), Burkhard JELLONNEK (1990) und Richard PLANT (1991) sei hier auch auf die literaturwissenschaftliche Arbeit von Jörn MEVE (1990) über «Homosexuelle Nazis» sowie auf den TV-Dokumentarfilm «Wir hatten ein großes A am Bein» (Elke Jeanrond / Joseph Weißhaupt, NDR III / 1991) hingewiesen. Schließlich sind im Rahmen regionaler Ausstellungsprojekte beachtliche Kataloge vorgelegt worden (z. B. «Die Geschichte des § 175» / Berlin 1990, «Verführte Männer» / Köln 1991).
Zum Alltag alter homosexueller Männer BERGER, Raymond M.: Gay and gray, Boston / Chicago 1982. ESSMANN, Siegfried: Zur Lebenssituation alter homosexueller Männer in der Bundesrepublik Deutschland (unveröff. Diplomarbeit am Fachbereich Sozialarbeit der Fachhochschule), Dortmund 1987. VACHA, Keith: Quiet Fire – Memoirs of older gay men, New York 1985.

3 Am Beispiel der verdrängten Geschichte lesbischer Frauen, vor allem in bezug auf die NS-Zeit, wird dies belegt in:
KOKULA, Ilse (Hg.): Jahre des Glücks, Jahre des Leids. Gespräche mit älteren lesbischen Frauen, Kiel 1986. Vgl. auch die Studie von
SCHOPPMANN, Claudia: Nationalsozialistische Sexualpolitik und weibliche Homosexualität, Pfaffenweiler 1991.

Kein nationalsozialistisches Unrecht...

Zur Entschädigung homosexueller NS-Opfer

Anruf beim zuständigen Sachbearbeiter der Oberfinanzdirektion Köln. Es geht um die Frage, welche Verurteilungen während der NS-Zeit als «entschädigungswürdig» anerkannt sind. Antwort im Mai 1992: «Der Paragraph 175 in der Fassung von 1935 gilt bei uns nach wie vor nicht als nationalsozialistisches Unrecht...»

Entschädigungsleistungen für während der NS-Zeit verfolgte Homosexuelle sind prinzipiell erst seit 1987 beantragbar. In den Richtlinien des Bundesfinanzminsters für den sogenannten «Härtefonds» für die vergessenen Opfer des NS-Regimes von 1988 heißt es unter Paragraph 2, daß jedoch nur als Unrecht gelten kann, wo «gesetzmäßig verhängte Strafen... als übermäßig» bewertet werden müssen. Wenn ein Mann einen anderen Mann geküßt hat oder ihm auch nur einen Liebesbrief geschrieben hat und dafür nach Paragraph 175a ins Zuchthaus gekommen ist, so gilt dies *nicht* als übermäßig. Hinzukommen müßte mindestens Folter (jedoch nur, wenn sie heute vom Betroffenen nachweisbar ist) oder KZ-Haft (allerdings erst ab neun Monaten aufwärts).

Warum diese Verhöhnung der Opfer bis heute? Ist die Antragsflut so groß, daß sich der Gesetzgeber vor Mißbrauch schützen muß?

Das Gegenteil ist der Fall: Allein in Hamburg haben seit Einrichtung der Landes-Stiftung «Hilfe für NS-Verfolgte» rund 800 Menschen aus den vergessenen Opfergruppen einen Antrag auf Entschädigung gestellt – darunter jedoch nur zwei Anträge von Homosexuellen. 300 Millionen DM sind 1987 für die Entschädigung bisher ausgegrenzter Verfolgtengruppen vom Bundesfinanzministerium bereitgestellt worden – bis Anfang 1990 sind davon knapp 10 Millionen DM ausgegeben worden.

Seit kurzem hat sich die Zahl der Anträge Homosexueller um zwei weitere erhöht: Aufgrund des Vertrauensverhältnisses zum Autor dieses Buches sowie einer einfühlsamen Beratung durch Beate Hugk, eine Vertreterin der Hamburger «Projektgruppe für die vergessenen Opfer des NS-Regimes e. V.», entschlossen sich der zweiundsiebzigjährige Karl Lange sowie der sechsundachtzigjährige Friedrich-Paul von Groszheim nach anfänglicher Ablehnung schließlich doch, einen Antrag auf Entschädigung zu stellen.

Karl Lange und Friedrich-Paul von Groszheim haben das «Glück», in finanzieller Bedürftigkeit zu leben. Verfolgte haben nämlich nach dem «Härtefonds» grundsätzlich keinen «Rechtsanspruch» auf Entschädigung, sondern sie erhalten eine «soziale Gewährung», die sich zuerst nach der «Bedürftigkeit» richtet (bei einer einmaligen Entschädigungsleistung von maximal 5000 DM darf ein alleinstehender Antragsteller nicht mehr als 1401 DM Monatseinkommen haben und kein Vermögen besitzen!) – und die sich erst sekundär an der Verfolgung orientiert. In Deutschland muß der bzw. die Betroffene den Nachweis der Verfolgung erbringen. In den Niederlanden zum Beispiel müssen die Behörden Beweise vorlegen, wenn die Aussagen eines NS-Opfers angezweifelt werden.

In der NS-Zeit sind etwa 50 000 Männer nach Paragraph 175 verurteilt worden, rund 10 000 von ihnen sind in Konzentrationslager gekommen. Bis 1969 galt der NS-Paragraph in der 1935 verschärften Fassung weiter, ja führte eine Verurteilung während der NS-Zeit zu einer Bewertung als «strafverschärfender Wiederholungstat» in der Zeit nach 1945. Homosexuelle in Deutschland hatten bis 1987 gar keine Möglichkeit, sich um eine Entschädigung zu bemühen. Homosexuelle, die in anderen Ländern Opfer der NS-Barbarei wurden, haben bis heute keine Chance – die Geschichte des polnischen Stefan K. in diesem Buch ist ein Beispiel dafür.

Herr Lange und Herr von Groszheim besitzen immerhin einige Dokumente. Daraus geht bei beiden unstrittig hervor, daß sie nach Paragraph 175 verurteilt worden sind. Bei Herrn von Groszheim ist darüber hinaus die Zwangskastration aktenkundig. Jedoch die Bürokratie fährt sich zunächst an der Frage fest, ob das Lübecker Lager

Fackenburger Allee nun als KZ einzustufen ist oder nicht. Es scheint sich «nur» um ein Arbeitsstraflager gehandelt zu haben. Die unsägliche bürokratische Bemessung des Leidens mutet für viele Betroffene wie eine zweite Verfolgung an. Sie geraten in Rechtfertigungssituationen, sehen sich beargwöhnt und letztendlich wieder entwürdigt.

Es ist nicht leicht, unter diesen Bedingungen Betroffenen Mut zur Antragstellung zu machen. Was fehlt, ist u. a. eine solide Vertrauensstruktur. Mehrfach haben z. B. Vertreter von Schwulenorganisationen eine Aufnahme in den Vorstand der Hamburger Stiftung «Hilfe für NS-Opfer», die über die Vergabe der Mittel entscheidet, beantragt, um potentiellen Betroffenen als unmittelbare Ansprechpartner zur Verfügung stehen zu können. Dies ist wiederholt aus formalen Gründen abgelehnt worden – eine Hierarchie der Opfer bis heute.

Jeder Antrag auf Entschädigung ist jedoch auch ein Ausdruck von Selbstachtung, von Auflehnung gegen die vorherrschende Kultur des Verschweigens. Friedrich-Paul von Groszheim und Karl Lange haben diesen Mut gefunden. Die Antragsformulare beider Männer liegen gegenwärtig bei den Oberfinanzdirektionen Köln und Hamburg. Die Bearbeitung dauert erfahrungsgemäß Wochen, wenn nicht Monate...

Weitere Informationen über:
Projektgruppe für die vergessenen Opfer des NS-Regimes e. V.
z. Hd. Frau Beate Hugk
Lindenallee 54, 2000 Hamburg 20   Tel.: 040-43 02 1 01

Danksagung

Für ihr Vertrauen und ihre Offenheit danke ich allen Männern, von deren Lebensgeschichten in diesem Buch berichtet wird.

Für finanzielle und ideelle Förderung danke ich der August-von-Platen-Stiftung/Siegen, hier insbesondere Prof. Dr. Wolfgang Popp.

Für Unterstützung bei einzelnen Recherchen danke ich Siegfried Essmann/Bremen, Hans Georg Floß/Hamburg, Andreas Gluszczynski/Bremerhaven, Beate Hugk/Hamburg, Dr. Pieter Koenders/Amsterdam, Jens Michelsen/Hamburg und Dr. Wolfgang Voigt/Hamburg. Dank für kritische Anregungen zum Buchtitel an Dr. Klaus Müller/Amsterdam, für engagierte Diskussionen an das «Schwul/lesbische Geschichtsseminar» der Universität Hamburg, hier besonders an Stefan Micheler und Jakob Michelsen, sowie für eine gute Kooperation während des Vorabdrucks einiger Texte in der Schwulen-Zeitschrift «magnus» besonders an Axel Schock/Berlin. Nicht zuletzt: Eine liebevolle Umarmung für Christian Wach/Halle S., der weiß warum.

Der Abdruck des Zitates von Detlev Meyer erfolgt mit freundlicher Genehmigung des Autors.

Amsterdam, im August 1992   Lutz van Dijk

Abbildungsnachweis

«Der Mann kann vieles tun. Er kann Herrschaft faßbar machen. Überall ist jemand über ihm, der ihn beherrscht. Dagegen kann er aufbegehren. Überall beherrscht der Mann selber Menschen, ist er Vater, Ehemann, Chef, Direktor, Ausbilder, Ressortleiter... Damit kann er aufhören.»
Volker Elis Pilgrim

Tahar Ben Jelloun
Die tiefste der Einsamkeiten *Was ist aus mir geworden? Ich bin kein Mann mehr. Es ist gefroren, das ist der Tod, der mich zwischen den Beinen packt. Man muß mich operieren. Kannst du keine Röntgenaufnahme machen?*
(rororo mann 8252)
Tahar Ben Jelloun schreibt von der sexuellen Not afrikanischer Fremdarbeiter in Frankreich. Vermittelt werden Einblicke in eine verborgene Welt männlicher Scham, Verzweiflung und Heimatlosigkeit.

Harry Friebel
Die Gewalt, die Männer macht *Lese- und Handbuch zur Geschlechterfrage*
(rororo mann 8267)

Horst Herrmann
Vaterliebe *Ich will ja nur dein Bestes*
(rororo mann 8248)
«Die These, die sich durch dieses Buch zieht, ist so einfach, wie ihre Perspektive einseitig erscheint: Gewaltfreie Liebe gibt es nicht.»

Mathias Jung (Hg.)
Männer lassen Federn *Unbelehrbar oder im Aufbruch?*
(rororo mann 8269)

Tor Nørretranders (Hg.)
Hingabe *Über den Orgasmus des Mannes*
(rororo mann 8216)

Burkhard Schröder
Spuren der Macht *Memmen, Macker, Muskelmänner*
(rororo mann 8264)
Ab-Schnitte *Über Macht und Ohnmacht der Gefühle nach einer Trennung*
(rororo mann 8250)
Unter Männern *Brüder, Kumpel Kameraden*
(rororo mann 8236)
Rechte Kerle *Skinheads, Faschos, Hooligans*
(rororo mann 8271)

Koos van Zomeren
Ottos Krieg *Roman*
(rororo mann 8260)
Drei Männer unterwegs. Wessel Matser, der das Leben studiert. Simon Jorna, der das Leben fotografiert, und Otto Stein, der das Leben erleidet.

Das gesamte Programm der Taschenbuchreihe *mann* finden Sie in der *Rowohlt Revue*. Jedes Vierteljahr neu. Kostenlos in Ihrer Buchhandlung.

M Bisinger / U. Büntjen / S. Haase / H. Manthey / E. Schäfer (Hg.)
Der ganz normale Mann *Frauen und Männer streiten über ein Phantom*
(rororo mann 8275)

M. Frings / E. Kraushaar
Männer.Liebe. *Ein Handbuch für Schwule und alle, die es werden wollen*
(rororo mann 8223)
Momente aus dem Leben schwuler Männer. Laute und leise Worte, damit man uns hört. Bilder, damit man uns erkennt.
Liebesdinge *Bemerkungen zur Sexualität des Mannes*
(rororo mann 8213)

Matthias T. J. Grimme (Hg.)
Käufliche Träume *Erfahrungen mit Pornografie*
(rororo mann 8210)

LUST *Die Lust der Frauen. Die Lust der Männer. Unsere geheimen Lüste*
Redaktion von «Ottar, Buchzeitschrift über Sexualität, Zusammenleben und Gesellschaft» (Stockholm / Schweden) Hg.
(rororo mann 8224)
In diesem Buch versuchen Frauen und Männer ihre erotische Lust darzustellen – wie sie sich erinnern, wie sie Lust empfinden und wie sie ihre Lust gerne ausleben würden.

H. u. W. Nutt (Hg.)
Brüderlein fein *Geschichten über ein schwieriges Verhältnis zwischen Männern*
(rororo mann 8262)

Bernd Nitzschke
Die Liebe als Duell *...und andere Versuche, Kopf und Herz zu riskieren*
(rororo mann 8272)
Der Autor legt hier eine Sammlung seiner Texte über Liebe und Sexualität vor.

D. Schnack / R. Neutzling
Kleine Helden in Not *Jungen auf der Suche nach Männlichkeit*
(rororo mann 8257)

Jürgen Volbeding (Hg.)
Die Kraft ist schwach, allein die Lust ist groß *Ein MANN-Lesebuch*
(rororo mann 8242)

Das gesamte Programm der Taschenbuchreihe *mann* finden Sie in der *Rowohlt Revue*. Jedes Vierteljahr neu. Kostenlos in Ihrer Buchhandlung.

«Die Liebe hat nun einmal dieses Übel, daß Krieg und Frieden immer wechseln.»
Horaz, Satiren

Lonnie Barbach
Mehr Lust *Gemeinsame Freude an der Liebe*
(rororo sachbuch 8721)

Cheryl Benard / Edit Schlaffer
Männer *Eine Gebrauchsanweisung für Frauen*
(rororo sachbuch 8820)
Im Dschungel der Gefühle *Expedition in die Niederungen der Leidenschaft*
(rororo sachbuch 8783)

Barbara Gordon
Jennifer-Fieber *Der Männertraum vom jungen Glück*
(rororo sachbuch 9159)

Marty Klein
Über Sex reden *Heimliche Wünsche, verschwiegene Ängste*
(rororo sachbuch 8824)

Suzan Lewis / Cary L. Cooper
Karriere Paare *Mehr Zeit für uns*
(rororo sachbuch 8858)

Tina Tessina
In guten wie in schlechten Tagen *Anregungen für homosexuelle Paare*
(rororo sachbuch 8782)
Dieses einfühlsame Buch trägt den besonderen Möglichkeiten und Problemen homosexueller wie lesbischer Beziehungen Rechnung und gibt praktische Anregungen vom ersten Flirt bis zur Goldenen Hochzeit.

Diane Vaughan
Wenn Liebe keine Zukunft hat *Stationen und Strategien der Trennung*
(rororo sachbuch 8818)

Judith Sills
Liebe nach dem ersten Blick *Handbuch für Romantiker*
(rororo sachbuch 9134)
«Dies ist kein Buch über hoffnungslos unglückliche Beziehungen, sondern eines über potentiell glückliche.»

Ethel S. Pearson
Lust auf Liebe *Die Wiederentdeckung des romantischen Gefühls*
(rororo sachbuch 9304)

Béatrice Hecht-El Minshawi
Zwei Welten, eine Liebe *Leben mit Partnern aus anderen Kulturen*
(rororo sachbuch 9141)

Das gesamte Programm der Taschenbuchreihe «zu zweit» finden Sie in der Rowohlt Revue. Jedes Vierteljahr neu. Kostenlos in Ihrer Buchhandlung.

Frederic F. Flach
Depression als Lebenschance
*Seelische Krisen und wie man
sie nutzt*
(rororo sachbuch 7168)

Jennifer James
Trübe Tage *Wege aus dem
weiblichen Stimmungstief*
(rororo sachbuch 8840)
Dieses leicht zugängliche,
praktische Buch wendet sich
an alle Frauen, die sporadisch
in leichte Depressionen ver-
fallen und immer wieder von
Melancholie und Mutlosigkeit
eingeholt werden und be-
schreibt mit Humor und
Selbstironie wie "frau"dagegen angehen kann.

Was wir alles schlucken *Zu-
satzstoffe in Lebensmitteln*
Herausgegeben von der
KATALYSE Institut für an-
gewandte Umweltforschung
(rororo sachbuch 8465)

Gunter Schmidt
Das große Der Die Das *Über das
Sexuelle*
(rororo sachbuch 8459)

Sexualität *Ein EMMA-Buch*
Herausgegeben von
Alice Schwarzer
(rororo sachbuch 7830)
Was hat die Revolte der
Frauen gegen ihre Rolle in
der Sexualität gebracht? Die
EMMA-Frauen ziehen Bilanz:
erotisch und analytisch,
phantasievoll und kritisch
zugleich.

H. Hemminger / V. Becker
Wenn Therapien Schaden
*Kritische Analyse einer
psychotherapeutischen
Fallgeschichte*
(rororo sachbuch 9137)

Ursula Lambrou
Familienkrankheit Alkoholismus
Im Sog der Abhängigkeit
(rororo sachbuch 8771)
Alkoholismus ist eine
Familienkrankheit: Erst lang-
sam wird die volle Bedeutung
dieses Satzes auch hierzulande
einer breiteren Öffentlichkeit
bewußt. Die Autorin, Päda-
gogin mit psychologischer
Ausbildung in den USA, hat
das erste deutsche Buch zu
diesem wichtigen Thema geschrieben.

Sämtliche Bücher und
Taschenbücher zum Thema
finden Sie in der *Rowohlt
Revue*. Jedes Vierteljahr neu.
Kostenlos in Ihrer Buchhand-
lung.

Medizin und Gesundheit

Gesund sein, das bedeutet nicht nur nicht krank sein. Gesundheit manifestiert sich in körperlich-seelischer Harmonie, im entspannten Umgang mit der eigenen Körperenergie.

Paavo Airola
Natürlich gesund *Ein praktisches Handbuch biologischer Heilmethoden*
(rororo sachbuch 8314)

Robert J. Blom
Chiropraktik *Die Wirbelsäule als Zentrum vielfältiger Beschwerden*
(rororo sachbuch 8765)

Angelika Blume
Verhüten oder Schwangerwerden *Natürliche und gefahrlose Wege zur selbstbestimmten Fruchtbarkeit*
(rororo sachbuch 8369)
PMS – Das Prämenstruelle Syndrom
(rororo sachbuch 9129)

Ingo Jarosch
Tai Chi *Neue Körpererfahrung und Entspannung*
(rororo sachbuch 8803)

Hans-Dieter Kempf
Die Rückenschule *Das ganzheitliche Programm für einen gesunden Rücken*
(rororo sachbuch 8767)

Peter Lambley
Psyche und Krebs *Zur Psychosomatik von Krebserkrankungen Vorbeugen – Lindern – Heilen*
(rororo sachbuch 8862)

Neslon Lee Novick
Gesunde, schöne Haut *Ein dermatologischer Ratgeber*
(rororo sachbuch 8761)

MEDIZIN + GESUNDHEIT

Elaine Fantle Shimberg
DER GESTRESSTE DARM
Hilfe bei Verdauungsstörungen

rororo

Ingrid Olbricht
Die Brust *Organ und Symbol weiblicher Identität*
(rororo sachbuch 8525)

John Pekkanen
Lisa.
Vom Tod, der Leben spendet *Die Geschichte einer Organtransplantation*
(rororo sachbuch 9135)

Elaine Fantle Shimberg
Der gestresste Darm *Hilfe bei Verdauungsstörungen*
(rororo sachbuch 9105)

Frauke Teegen
Ganzheitliche Gesundheit *Der sanfte Umgang mit uns selbst*
(rororo sachbuch 8308)

Das gesamte Programm der Taschenbuchreihe *Medizin und Gesundheit* finden Sie in der Rowohlt Revue. Jedes Vierteljahr neu. Kostenlos in Ihrer Buchhandlung.

rororo sachbuch

Unser Körper – Unser Leben
Ein Handbuch von Frauen für Frauen. Überarbeitete und erweiterte Neuausgabe
(2 Bände: rororo sachbuch 8408 und 8409)
Ein Standartwerk der weiblichen Gesundheit, das in dem Bücherschrank keiner Frau fehlen sollte. Entsprechend der neuen amerikanischen Ausgabe von "Our bodies, Ourselves" wurde auch die deutsche Ausgabe vollständig aktualsiert.

Unser Körper – Unser Leben
Über das Älterwerden *Ein Handbuch für Frauen*
(rororo sachbuch 8841)
Wie *Unser Körper – Unser Leben* ist dieses Buch ein Gemeinschaftsprojekt und beruht auf den Erfahrungen vieler Frauen. Es richtet sich an alle, die ihr Leben und ihr Älterwerden selbst in die Hand nehmen wollen. Denn: Niemand wacht auf und ist plötzlich siebzig, und unser Wohlbefinden hängt weniger von den Jahren ab, die wir schon gelebt haben, als davon, wie wir mit uns selbst umgegangen sind.

Ruth Bell (Hg.)
Wie wir werden - Was wir fühlen
Ein Handbuch für Jugendliche über Körper, Sexualität, Beziehungen. Überarbeitete und erweiterte Neuausgabe
(rororo sachbuch 8823)
Fakten, Berichte, Bekenntnisse und Informationen zu allen Themen, die das Leben zwischen 12 und 20 so aufregend, irritierend, schwierig und schön machen.

Nathaniel Branden
Ich liebe mich auch *Selbstvertrauen lernen*
(rororo sachbuch 8486)

M. James / D. Jongeward
Spontan leben *Übungen zur Selbstverwirklichung*
(rororo sachbuch 8301)

Thomas Grossmann
Eine Liebe wie jede andere
Mit homosexuellen Jugendlichen leben und umgehen
(rororo sachbuch 8451)

John Selby
Einander finden *Übungen zur Psychologie der Begegnung in Freundschaft, Beruf und Liebe*
(rororo sachbuch 7991)

Sämtliche Bücher und Taschenbücher zum Thema finden Sie in der *Rowohlt Revue*. Jedes Vierteljahr neu. Kostenlos in Ihrer Buchhandlung.

Marie Cardinal
Die Irlandreise *Roman einer Ehe*
(rororo neue frau 4806)
Ein Paar macht Urlaub in Irland. Ein grausiger Fund am Strand führt beide auf die Spur zu sich selbst. Plötzlich lautet die Frage: Wer sind wir?
Schattenmund *Roman einer Analyse*
(rororo neue frau 4333)

Margaret Drabble
Die Begierde nach Wissen
Roman
(rororo neue frau 12763)
Die Soziologin Alix ist unterwegs zu ihrem Mörder. Liz, ihre Freundin, wird plötzlich mit Liebesaffären ihrer spießigen Schwester konfrontiert, und die Kunsthistorikerin Esther trifft auf einen nicht allzu heterosexuellen Staatssekretär. Margaret Drabble führt uns die achtziger Jahre an drei skurrilen Londoner Frauenschicksalen vor.

Toni Morrison,
Sehr blaue Augen *Roman*
(rororo neue frau 4392)
Es war einmal ein kleines Mädchen, das hätte so gerne blaue Augen gehabt – aber alle Menschen, die es kannte, hatten braune Augen und sehr braune Haut... Toni Morrison gilt als eine der größten poetischen Begabungen unter den schwarzen amerikanischen Schriftstellern.
Solomons Lied. Teerbaby
Romane
Kassette mit 2 Bänden
(rororo neue frau 5740)

Fumiko Enchi
Die Wartejahre *Roman*
(rororo neue frau 5520)

Victoria Thérame
Paris erobern *Roman*
(rororo neue frau 12892)
Eine freche, sensible Erzählung aus dem erst neulich vergangenen Zeitalter der Sinnlichkeit.
Die Taxifahrerin
(rororo neue frau 4235)
Besser als jede soziologische Untersuchung erzählt Victoria Thérame von den Straßen von Paris und was Frauen und Männer heute voneinander halten.

Sandra Young
Ein Rattenloch ist kein Vogelnest
Eine Jugend in den Slums von Baltimore
(rororo neue frau 5188)

rororo neue frau wird herausgegeben von Angela Praesent und Gisela Krahl. Ein Gesamtverzeichnis der Reihe *neue frau* finden Sie in der *Rowohlt Revue*. Jedes Vierteljahr neu. Kostenlos. In Ihrer Buchhandlung.

Simone de Beauvoir
Marcelle, Chantal, Lisa... *Ein Roman in Erzählungen*
(rororo neue frau 4755)
Ihr «Gesellenstück» nannte Simone de Beauvoir ihren Roman über fünf Töchter aus gutem Hause – ihr erstes erzählerisches Werk, das sie jahrzehntelang unveröffentlicht aufbewahrte.

Mary Catherine Bateson
Mit den Augen einer Tochter
Meine Erinnerung an Margaret Mead und Gregory Bateson
(rororo neue frau 5904)
Wie erzog Margaret Mead ihre einzige Tochter? Wie erlebte das Kind die Trennung ihrer berühmten Eltern? Mary Catherine Bateson schildert in diesem Buch ihre außergewöhnliche Kindheit.

Marguerite Duras
Agatha. Atlantik Mann
(rororo neue frau 5825)
Ein Drehbuch und eine Erzählung der weltberühmten Schriftstellerin.

Martha Gellhorn
Reisen mit mir und ihm *Berichte*
(rororo neue frau 12628)
Packende Reportagen und sensible Erzählungen.
«Martha Gellhorn ist unfähig, einen langweiligen Satz zu schreiben.» The Times
Paare, Paare *Erzählungen*
(rororo neue frau 12511)
Das Wetter in Afrika *Ein Roman in Novellen*
(rororo neue frau 12354)

Maryse Holder
Ich atme mit dem Herzen
(rororo neue frau 4620)

Martha Gellhorn
Reisen mit mir und ihm
Berichte

neue frau

rororo

Mead, Margaret
Brombeerblüten im Winter *Ein befreites Leben*
(rororo neue frau 4226)

Erika Pluhar
AusTagebüchern *Ausgewählt von Angela Praesent und Erika Pluhar*
(rororo neue frau 4865)

Alice Walker
Die Farbe Lila *Roman*
(rororo neue frau 5427)
Durch die Bluessängerin Shug entdeckt Celia, jahrelang mißhandelt, ihren eigenen Wert und ihre Kraft. Für ihren großartigen Roman erhielt Alice Walker den Pulitzer-Preis.

rororo neue frau wird herausgegeben von Angela Praesent und Gisela Krahl. Ein Gesamtverzeichnis der Reihe *neue frau* finden Sie in der *Rowohlt Revue*. Jedes Vierteljahr neu. Kostenlos. In Ihrer Buchhandlung.

Hanan Al-Shaykh
Im Bann der High-Tech-Harems
Roman
(rororo neue frau 12958)
Vier arabische Frauen im
futuristischen Luxus einer
Erdöl-Metropole träumen von
Unabhängigkeit und der
Flucht aus ihrem goldenen
Käfig.

Mary Benson
Silvester in Johannesburg
Roman
(rororo neue frau 12523)
«Ein Roman, der den
Lebensnerv berührt.» Nadine
Gordimer

Tsitsi Dangarembga
Der Preis der Freiheit *Roman*
(rororo neue frau 12956)
«Viele gute, von Männern
geschriebene Romane sind in
Afrika entstanden, aber
wenige von schwarzen
Frauen. Das ist der Roman,
auf den wir gewartet haben.»
Doris Lessing

Veronica Doubleday
**Die Kluge, die Bedrückte, die
Unabhängige** *Drei Frauen in
Afghanistan*
(rororo neue frau 12388)

Isabelle Eberhardt
Sandmeere 1 *Tagwerke. Im
heißen Schatten des Islam*
(rororo neue frau 5231)
Sandmeere 2 *Notizen von
unterwegs. Vergessens-
sucher. Islamische Blätter*
(rororo neue frau 5232)
Isabelle Eberhardts Erzählungen, jüngst neu entdeckt, sind
äußerst verdichtete
Stimmungsbilder, erfüllt von
glühender Farbigkeit und
Sinnlichkeit.

Aicha Lemsine
Die Entpuppung *Ein
Entwicklungsroman*
(rororo neue frau 4402)

Sarah Lloyd
China erfahren *Ein
Reisebericht*
(rororo neue frau 12398)

Thi Hoai Pham
Die Kristallbotin *Roman No. 1*
(rororo neue frau 13084)
Mit verblüffendem Witz und
Weltoffenheit beäugt die
junge vietnamesische Autorin
die menschliche Komödie.

Ntozake Shange
Schwarze Schwestern *Roman*
(rororo neue frau 5344)

Marjorie Shostak
Nisa erzählt *Das Leben einer
Nomadenfrau in Afrika*
(rororo neue frau 4978)

rororo neue frau wird
herausgegeben von Angela
Praesent und Gisela Krahl.
Ein Gesamtverzeichnis der
Reihe *neue frau* finden Sie in
der *Rowohlt Revue*. Jedes
Vierteljahr neu. Kostenlos. In
Ihrer Buchhandlung.